Erich Krauß / Helmut Witticke

THÜRINGER WALD

Bahn fahren und wandern im Schwarzatal

grünes herz

Zeichenerklärung

- Bahnlinie mit Bahnhof
- Bundesstraße
- Wichtige Verbindungsstraße
- Landstraße
- Sonstige Straße, Fahrweg
- Treppe
- Weg
- Pfad, Schneise
- beschriebene Route
- Wegevariante
- andere Wanderwege
- Skiwanderweg gespurt/ Loipe
- Skiwanderweg bedingt gespurt
- Reitweg
- Radwanderroute
- Skilift, Liftanlage
- NSG Grenze Naturschutzgebiet (NSG)
- Wasserstollen
- Geschlossene Siedlungsfläche
- Sonstige Bebauung
- Wohn- bzw. Gewerbegebiet i.Bau
- Garten, Grünanlage
- Wald, Park
- 425 Höhenlinie (Abstand 25m)
- • 430 Höhenpunkt
- Felsen, Klippe
- Böschung; Schlucht, Rinne
- Steinbruch, Grube; Halde
- Kleine Reliefformen (Kuppe, Loch)
- Wallanlage
- Höhle
- Bergwerk stillgelegt
- Schutzhütte
- Grillplatz
- Forsthaus
- Bergwachthütte
- Aussichtspunkt
- Meteorologische Station
- für Kfz gesperrt

- Aussichtsturm
- Funkturm
- Windrad
- Windmühle
- Informationsbüro
- Denkmal
- Baudenkmal
- Museum
- Freilichtbühne
- Galerie
- Kulturhaus, Stadthalle
- Kirche
- Kapelle; Friedhof
- Klosterruine
- Schloss, Burg; Ruine
- Ausflugsgaststätte (Auswahl)
- Café
- Hotel, Pension (Auswahl)
- Jugendherberge
- Feriendorf
- Caravanplatz
- Reiterhof
- Sommerrodelbahn
- Sportplatz
- Spielplatz
- Klinik, Krankenhaus
- Bad, Freibad
- Schwimmhalle
- Parkplatz
- Tankstelle
- Sprungschanze
- Wassermühle; Quelle
- Naturparkinfo
- Naturdenkmal
- Hervorragender Baum
- Tiergarten
- Botanischer Garten
- Bushaltestelle

Inhaltsverzeichnis

Benutzungshinweise

Neben den Streckenbeschreibungen wurden Textstellen farbig markiert.
Die **grün unterlegten Kästen** beinhalten Hintergrundinformationen zum unmittelbar an der Strecke Befindlichem mit historischen Fakten und Wissenswertem.
Die **blau unterlegten Kästen** sind Tipps und Abstechern vorbehalten.
Die Höhnprofillinie sagt in drei Kategorien über die Qualität des Weges aus:

- Naturbelassener Weg
- Befestigter Wege und Straßen
- Asphaltweg / Betonweg Betonstraße

Impressum

Sollten trotz sorgfältiger Recherche Unstimmigkeiten enthalten sein, bitten wir um Ihre freundliche Mitteilung. Sie unterstützen damit in wertvoller Weise unsere Bemühungen, die Inhalte auf dem neuesten Stand zu halten. Der Verlag kann keine Gewähr für Richtigkeit, Vollständigkeit oder Aktualität übernehmen.

Dr. Lutz Gebhardt, Postfach 100 564, 98684 Ilmenau
Tel.: 03677 / 63025, Fax 63040
www.gruenes-herz.de; E-Mail: info@gruenes-herz.de • bestellung@gruenes-herz.de

Texte	Wanderungen 1,2, 4 und 5 – Prof. Helmut Witticke, Schwarzburg Wanderungen 3, 6 -25 – Dr. Erich Krauß, Bad Blankenburg Der Naturpark Thüringer Wald, Dr. Gerald Slotosch / Elke Tietz Die Oberweißbacher Berg- und Schwarzatalbahn, Peter Möller / Günter Kretzschmar / Prof. Helmut Witticke Das Olitätenland, Regina Martin / Prof. Helmut Witticke
Redaktion	Anette Cotta
Titelfoto	Mario Ehrlich
Fotos	Erich Krauß außer Seiten: 5, 9, 13, 43, 63 – Mitarbeiter der OBS Seite: 133 – Toralf Krauß Seiten: 25, 30, 49, 91, 107, 111, 129 – Lutz Gebhardt
Kartographie	Ingenieurbüro für Kartographie Müller & Richert GbR, Gotha / Thüringen
Titel/Gestaltung/ Layout/Satz	Atelier für Grafik-Design, Katharina Kerntopf, Ilmenau
Druck	Druckhaus Gera GmbH 1. Auflage Dezember 2005

ISBN 3-935621-91-4

Naturpark Thüringer Wald

Um- und aufsteigen ausdrücklich erwünscht

Um- und aufsteigen erwünscht

Zwischen Eisenach am Fuße der Wartburg und Sonneberg in der Nähe des Frankenwaldes erstreckt sich einer der größten und schönsten Naturparks, die es in Mitteleuropa gibt: der Naturpark Thüringer Wald. Um den Einklang von Naturschutz und Nutzung der Landschaft durch den Menschen zu wahren und zu entwickeln, hat die thüringische Landesregierung im Jahr 1990 begonnen, diese Bergregion als Naturpark auszuweisen.

Thüringer Wald und Westliches Thüringer Schiefergebirge bilden als zusammenhängender Gebirgsblock den Naturpark. Wie ein Keil stößt das Thüringer Gebirge von seiner 60 km breiten Grundkante im Osten nach Nordwesten vor und verjüngt sich dabei bis auf 5 km Breite. Der Gebirgszug beginnt am Hauptsattel des Schiefergebirges an der Saale als breites Massengebirge. Entlang einer Linie zwischen Schleusingen und Gehren am Langen Berg geht das Schiefergebirgsmassiv in das immer schmaler werdende Kammgebirge über.

Der Rennsteig ist der First des Gebirges. Er verläuft immer in Generalrichtung Südost-Nordwest. Der Rennsteig ist mit 168 km europaweit der längste Höhenwanderweg und gilt als Vater aller Wanderwege. In Blankenstein taucht er auf 400 m Höhe aus der Saale auf, steigt über das breite, massige Schiefergebirge auf 850 m an, erreicht bei Neustadt am Rennsteig die Kammlinie des Thüringer Waldes, windet sich in 700 bis 800 m Höhe den Gebirgskamm entlang und klettert dabei stellenweise bis über 900 m hinauf zu den Gipfeln. Am Verlaufsende verliert der Wanderweg stark an Höhe und versinkt am nördlichen Dorfrand von Hörschel in der 200 m hoch gelegenen Werra.

Unterwegs eine Landschaft, die ihresgleichen sucht: einmalige Naturschönheiten, reichhaltige Traditionen, bunte Kulturvielfalt – und das auf gut zweitausend Quadratkilometern. Aber auch wegen der Aussichten während des Wanderns lohnt sich der Ausflug in den Naturpark Thüringer Wald, denn der höchste Berg des Thüringer Waldes ist fast ein Tausender.

Sicher, es gibt weniger Skiabfahrten als in den Alpen, und auf den ersten Blick sieht es hier aus wie in vielen anderen Mittelgebirgen – die Berge eher sanft und wellig, als schroff und steil, die Bäume eher mittelgroß als riesig, die Häuser ein bisschen verwittert und das Abendrot auch nicht roter als anderswo. Aber wer kommt schon nur wegen des Skifahrens in den Thüringer Wald?

Dort, wo die Wäldler ihr kleines Idyll schufen und aufbauten und noch heute bevölkern, dort sucht nun der Gast im Naturpark Thüringer Wald eine Landschaft, die vielerlei bietet und mit ihrer schlichten Schönheit überzeugt: große zusammenhängende Waldgebiete, von idyllischen Bachtälchen durchzogen, hier und da durch mosaikartig eingesprengte Waldwiesen aufgehellt, durch Gebirgsflüsse wie Werra, Gera, Ilm und Schwarza beeindruckend zertalt, verwoben durch Straßen und Forstwege. Dazwischen liegen die verträumten Ortschaften; in rauer Kammnähe gänzlich blauschwarz geschiefert, zum Gebirgsrand hin immer mehr mit Fachwerk geschmückt und mit roten Ziegeldächern gedeckt. Gekrönt wird die Landschaft durch solche Kleinode wie die Wartburg, das Schloss Altenstein, die Klöster Paulinzella und Veßra sowie das Schwarzburger Schloss.

Am Großen Beerberg, dem höchsten Berg Thüringens, ist man mittendrin im Naturpark. Wie Säulen stehen die braungrauen, an der Wetterseite von Algen und Flechten grünlich getönten Fichtenstämme. Kein Unterwuchs versperrt die Sicht. Das Blau des Himmels jedoch ist nur durch einige Lücken zu sehen. Die Fichtenwipfel filtern die Sonnenstrahlen, sorgen für ein magisch grünliches Licht. Menschengemachtes Geräusch ist kaum zu hören. Die Waldesstille bietet eine Symphonie von Farbklängen. Am Wegrand verweist eine Tafel auf Aussichtspunkte und Wanderwege. Zwischen den Grashalmen hebt die Arnika – heutzutage eine floristische Rarität – ihre eleganten, ausladenden gelben Blüten. In abgeschiedener Naturlandschaft bietet sich eine Fülle von Begegnungen mit der Tier- und Pflanzenwelt, manche Erlebnisse prägen sich ein, andere sind eher rar und flüchtig. Vieles bleibt unsichtbar, geheimnisvoll, lockt zu neuer Erkundung.

Ruhe und Ausgleich zum hektischen Alltagsgeschehen sind im Naturpark zu finden. Bei stundenlangen Spaziergängen in ausgedehnten Fichten- und Buchenwäldern wird hier die Harmonie zwischen Mensch und Natur erlebbar. Ob Wanderfreund, Radwanderer, Wintersportler oder einfach nur Naturliebhaber, ob Burgen- und Schlösserliebhaber, Höhlenforscher oder Städtereisender – der Thüringer Wald ist die ideale Region für Urlauber, die ihre freien Tage gern aktiv erleben wollen.

Jede Region des Thüringer Waldes hat ihr unverwechselbares Gesicht.

Im Nordwesten die liebliche Hügellandschaft um Eisenach mit der Wartburg als „deutscheste aller Burgen". Daran anschließend das raue Kammgebirge mit seinen ausgedehnten Fichtenwäldern, mit traditionellen, heute noch reizvollen Erholungszentren und mit Oberhof als Mekka des Thüringer Wintersports. Mit zunehmender Breite nach Südosten reicht das Gebirge mit seinen runden hintereinander geschichteten Bergkuppen des Schiefer-

Tiefe Täler – bewaldete Höhen

gebirges bis zum Horizont. Die tief eingeschnittenen Täler, allen voran das wildromantische Schwarzatal, liegen wie tiefe Furchen in der bergigen Landschaft.

Erst als die Rohstoffe und Siedlungsflächen in den tieferen Randlagen knapper wurden, lockten Holzreichtum und Erzlagerstätten des „Hohen Waldes" Bergleute, Waldschmiede und Köhler in das Thüringer Gebirge. Kärglicher Ackerbau war hier nur auf schmalen Hangterrassen möglich, Viehhaltung an Waldweide gebunden. Als auch im Thüringer Wald die Erzvorräte weitgehend ausgebeutet waren, entwickelten die Bewohner vielfältige Gewerbe und Kleinindustrien mit anderen Naturstoffen, die durch Schöpfergeist und Fleiß hochveredelt wurden. Beispielsweise kamen Schiefergestein, Kaolintone, Sand, Feldspat, Heilkräuter und natürlich Holz zur Verarbeitung. Die Herstellung von Dachschiefer, Porzellan, Glas, Spielwaren, Christbaumschmuck, Uhren, Arzneimitteln, Spanschachteln, Zündhölzer und vielerlei anderer Gebrauchsgegenstände aus Holz ernährte die Familien. Der Thüringer Wäldler mit seiner sprichwörtlichen Geschicklichkeit, mit seinem Ideen- und Erfindungsreichtum, der ihn trotz vieler Rückschläge nie verzagen ließ, nutzte die Schätze seiner Bergheimat.

Der Verband Naturpark Thüringer Wald e.V. ist heute als Träger des Naturparks zuständig für die Entwicklung der Region in den Bereichen Erholung und Tourismus, für die Öffentlichkeitsarbeit sowie für die Landschaftspflege. Das Entwicklungsprogramm des Verbandes Naturpark Thüringer Wald e.V. strebt die Förderung und Stärkung einer nachhaltigen Wirtschaft im Zusammenspiel von Naturpark und Tourismus, von Ökologie und Ökonomie an. Die Entwicklungsschwerpunkte reichen von der Vertiefung der regionalen Identität über die Stärkung der regionalen Wirtschaftskraft bis hin zur Verbesserung der Verkehrsinfrastruktur. Hauptschwerpunkt ist dabei die Entwicklung eines regionaltypischen Tourismus in Einheit von Tradition und Innovation, von Kultur und Geschichte, von Wirtschaft, Handwerk und Gewerbe. Dem Interessensausgleich dienen Naturpark-Projekte, wie z.B. Forst und Tourismus, die Naturpark-Route, die barrierefreie Modellregion, die THÜRINGER-WALD-CARD mit dem dazugehörenden Fahrschein und nicht zuletzt die Entwicklung einer Dachmarke für Produkte und Dienstleistungen des Thüringer Waldes. Bei der Umsetzung dieser Projekte arbeitet der Verband Naturpark Thüringer Wald mit vielen Kooperationspartnern zusammen. So soll gemeinsam mit den Thüringer Forstämtern die Entwicklung naturnaher Wälder und unterstützt von den Wandervereinen der Aufbau eines ansprechenden Wegenetzes entwickelt werden. In der Zusammenarbeit mit den Landwirten geht es um den Erhalt der artenreichen Bergwiesen und charakteristischen Ackerterrassen.

Auch der Begriff „unbeschränkte Mobilität" wird hier im Naturpark Thüringer Wald neu definiert. Ein Beispiel ist die jahrelange Reaktivierung der Bahnanlagen des „Sonneberger Netzes". Hier kann nicht nur Eisenbahn gefahren werden – von Eisfeld nach Sonneberg und weiter nach Neuhaus am Rennweg – sondern die Begegnung mit erfolgt mit Land und Leuten zu Fuß. Auf traditionellen Festen sind Sitten und Brauchtum hautnah miterlebbar. Bahn fahren und wandern im Verbund bürgern sich zunehmend ein. Eigens dafür ließ der Verband Naturpark Thüringer Wald e. V. zwanzig touristische Infotafeln an den Streckenbahnhöfen aufstellen. Diese informieren über den Naturpark, den jeweiligen Ort, dessen touristische Sehenswürdigkeiten und einiges andere mehr. Das Projekt wurde in enger Kooperation mit der Nahverkehrsservicegesellschaft mbH Thüringen realisiert.

Im Leistungsverbund der THÜRINGER-WALD-CARD – dem vom Naturpark entwickelten unkomplizierten und preiswerten Erlebnis-Ticket für den Thüringer Wald – sind neben einer Vielzahl touristischer Attraktionen auch Nahverkehrsangebote, wie Taxi, Kleinbahnen und besonders die Oberweißbacher Berg- und Schwarzatalbahn mit interessanten Rabatten auf die Fahrpreise enthalten.

Ein weiteres spezielles Angebot zum Thema Verkehr beinhaltet der Fahrschein zur THÜRINGER-WALD-CARD. Der Inhaber der Card kann für weitere 10 Euro einen Fahrschein erweben und damit für einen Tag lang bequem auf 200 Bus-Linien durch den Thüringer Wald fahren und zwischen Eisenach und Rudolstadt, Gotha und Meiningen einen ganzen Tag lang stressfrei ohne Auto mobil sein.

Die Regionalentwicklung und somit auch die Entwicklung des öffentlichen Personennahverkehrs im Naturpark Thüringer Wald zielt folglich auf eine moderne Region, ausgezeichnet durch sinnvolles Zusammenspiel von Wirtschaft, Ökologie, Tourismus und deren Synergien.

Verband Naturpark Thüringer Wald e.V.
Ortsstraße 16
98749 Friedrichshöhe
Tel.: (03 67 04) 7099-0
Fax: (03 67 04) 7099-19
verband@naturpark-thueringer-wald.de
www.naturpark-thueringer-wald.de

Oberweißbacher Berg- und Schwarzatalbahn (OBS)

Seltene Begegnung von Vergangenem mit Gegenwärtigem

Historische Entwicklung

Das enge Schwarzatal mit seinem windungsreichen Verlauf, seinen Steilhängen und der Vielzahl eingekerbter Seitentäler ist topografisch gesehen nicht gerade eisenbahnfreundlich. Die aufstrebende wirtschaftliche Entwicklung Ende des 19. Jahrhunderts verlangte aber dringend ein effektives Transportmittel in dieser Region. Das konnte zur damaligen Zeit nur die Eisenbahn sein. Nach mehrjähriger Bauzeit wurde 1900 endlich die Schwarzatalbahn in Betrieb genommen – ein 24,9 km langer Streckenabschnitt von Rottenbach nach Katzhütte, musterhaft in die Landschaft eingefügt. Kurz darauf kam auch der erhoffte wirtschaftliche Aufschwung in die Gegend. Davon ausgenommen blieb jedoch die Höhenregion um Oberweißbach, Deesbach, Lichtenhain und Cursdorf. Bewohner und Unternehmer dieser Orte kämpften beharrlich für einen Eisenbahnanschluss, um Personen- und Materialbeförderung kostengünstig und wettersicher zu gewährleisten. In schwieriger Nachkriegszeit entstand von 1919 bis 1923 die Oberweißbacher Bergbahn nach den Plänen von Dr.-Ing. Wolfgang Bäseler aus Erfurt. Technisch damals Bewunderung auslösendes Meisterwerk, bestehend aus einer einzigartigen Standseilbahn zum Steiltransport von Eisenbahnwaggons, sowohl Personen- als auch Güterwagen, in Kombination mit einer Flachstrecke, welche die vier Ortschaften der Hochebene anbindet.

Es ist also eine den örtlichen Verhältnissen entsprechend „maßgeschneiderte" Bahn vor über 80 Jahren entstanden. Die Trasse der Steilstrecke wurde der vorhandenen Hangstruktur angepasst und in eine Hangrinne eingeschmiegt. Eine Standseilbahn ist die energetisch sparsamste Variante für den Transport auf die Höhe. Die Bahn klettert zwischen Obstfelderschmiede und Lichtenhain auf einer Länge von 1.386 Metern förmlich den Berg hinauf zur Hochebene und überwindet dabei einen Höhenunterschied von 323 m. Von Lichtenhain führt die elektrifizierte Flachstrecke von 2,5 km Länge in Regelspur weiter über Oberweißbach-Deesbach nach Cursdorf.

Die vier Berggemeinden Lichtenhain, Oberweißbach, Deesbach und Cursdorf sowie die Region Schwarzburg-Rudolstadt finanzierten den Bau. Oberweißbach als größter Geldgeber erhielt das Recht der Namensgebung, daher „Oberweißbacher Bergbahn".

Bis 1966 fand die Versorgung der „Bergbahngemeinden" mit Gütern durch diese Bahn statt, dann erlangte der Straßenverkehr Transportüberlegenheit.

Am Ende des 20. Jahrhunderts stand die Schließung der Eisenbahn in dieser Region auf der Tagesordnung, denn alle drei Strecken waren technisch in einem schlechten Zustand. Ein Weiterbetrieb war bei dem eingetretenen Verschleiß unverantwortlich. Die Schwarzatalbahn ging bereits im Mai 1999 auf dem Teilstück Obstfelderschmiede – Katzhütte, ein Jahr später auch von Rottenbach nach Obstfelderschmiede wegen Schäden am Oberbau außer Betrieb. Die dadurch völlig isolierte Oberweißbacher Bergbahn stand vor der Stilllegung.

2002 erfolgte die Rettung für alle Teilstrecken im Rahmen der Mittelstandsoffensive der Deutschen Bahn. Unter dem Namen DB RegioNetz Oberweißbacher Berg- und Schwarzatalbahn wurde ein kleines „RegioNetz" geschaffen, das den Betrieb und die Instandhaltung aller Streckenabschnitte nahezu eigenständig betreibt. Mit finanzieller Unterstützung durch den Freistaat Thüringen gelang es, in nur einjähriger Bauzeit die Schwarzatalbahn umfassend zu sanieren und die Bergbahn grundlegend technisch zu überholen.

BERGBAHN

Bauart		Eingleisige Standseilbahn mit Ausweiche „Abtsche Weiche" auf halber Höhe
Betriebsart		Pendelbetrieb zweier Waggons
Projektierung		Dr.-Ing. Wolfgang Bäseler, Erfurt
Hersteller		Ernst Haeckel, Saarbrücken
Eröffnung	Güterverkehr	15. Januar 1922
	Personenverkehr	1. März 1923
Stilllegung	Güterverkehr	1966
Spurweite		1800 mm
Länge		1386 m
Talstation		340,8 m ü. NN
Bergstation		663,8 m ü. NN
Höhenunterschied		323 m
Durchschnittsneigung		23,92 %
Maximalneigung		25,00 %
Fahrgeschwindigkeit		1,5 m/s
Fahrzeit		18 min

Seit dem 15. Dezember 2002 fahren auf allen drei Teilstrecken mit ihrer Gesamtlänge von 29 km bei Wind und Wetter planmäßig und zuverlässig die Züge der OBS.

HÖHENPROFIL UND STRECKENABSCHNITTE DER SCHWARZATALBAHN

	km	Höhe über NN
Rottenbach	0,00	286 m
Köditzberg	2,48	328 m
Bechstedt	4,81	395 m
Brechpunkt	6,03	426 m (höchster Punkt der Streckentrasse)
Schwarzburg	7,36	387 m
Sitzendorf	10,64	309 m
Obstfelderschmiede	14,41	329 m
Mellenbach-Glasbach	16,44	351 m
Meuselbach-Schwarzmühle	22,01	398 m
Katzhütte	24,95	416 m

Bergbahnabschnitt	km	Höhe
Obstfelderschmiede	0,00	329 m
Lichtenhain	1,40	664 m
Oberweißbach	2,96	664 m
Cursdorf	3,94	678 m

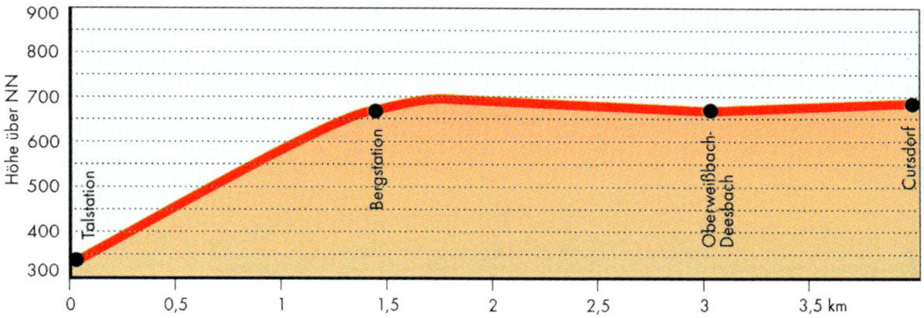

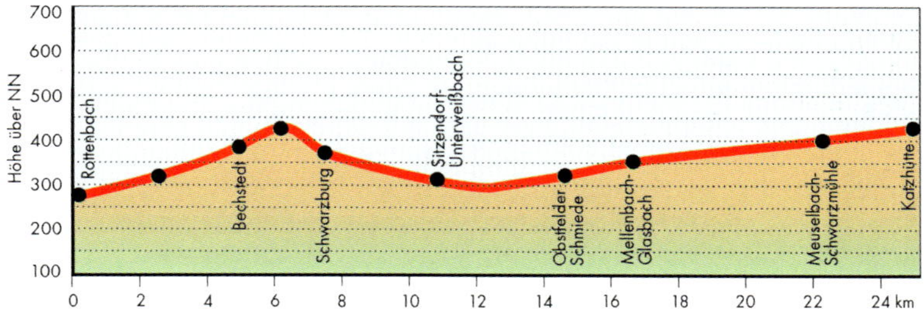

Informationen zur Schwarzatalbahn

Im täglichen Zugverkehr auf der Schwarzatalbahn mit seinen exakt abgestimmten Anschlusszeiten sind seit 2002 zwei moderne Triebwagen der Baureihe 641 bei der Oberweißbacher Berg- und Schwarzatalbahn eingesetzt. Die schmucken Triebwagen, die mit ihren 2 x 275 KW starken Dieselmotoren die teils sehr schwierige Gebirgsstrecke unter allen Witterungsbedingungen mit planmäßigen 60 km/h befahren, vermitteln ein angenehmes Reisegefühl. Die 25 km lange Strecke weist 24 Brücken, meist enge Kurvenradien, zahlreiche Bahnübergänge und Steigungen bis zu 30 ‰ auf und ist damit eisenbahntechnisch sehr anspruchsvoll, aber dadurch auch faszinierend für Bahnfans und mitreisende Urlauber.

Ab Rottenbach (286 m) gibt es eine romantische Streckenführung, ausgestattet mit starken Steigungen und jähen Gefällen bei zahlreichen engen Gleisbögen. Die Felspartien und die tiefen Einschnitte in waldreicher Landschaft, auch die gepflegten Eisenbahnanlagen, ergeben folglich dankbare Fotomotive.

Zunächst führt die Trasse südlich aufwärts unmittelbar am rechten Talhang der Rinne, einem kleinen Nebenfluss der Schwarza, entlang. Schon hier findet sich kaum ein gerades Streckenstück. Nach 5,89 km, kurz nach dem Haltepunkt Bechstedt-Trippstein, erreicht die Trasse mit 426 m NN ihren höchsten Punkt, den so genannten Brechpunkt. Bis hierher wurden früher schwere Güterzüge aus beiden Richtungen nachgeschoben. Nach Schwarzburg am Kilometer 7,4 fährt nun die Bahn durch tiefe Trasseneinschnitte, an Felswänden und imposanten Stützmauern vorbei.

Ein besonderes Kleinod – speziell für Architekturfreunde – ist der Bahnhof Schwarzburg, der als Empfangsbahnhof des Fürstenhauses Schwarzburg-Rudolstadt besonders prunkvoll gebaut wurde und nach Verkauf durch private Initiative wieder mit altem Glanz erstrahlt. Im Modelleisenbahnbau war übrigens dieser Bahnhof in Minigröße nach 1990 deutschlandweit ein Verkaufsschlager.

Die Strecke verläuft nun bei starkem Gefälle am Berghang mit teils gesicherten Steilfelsen hinab nach Sitzendorf (311 m NN), das man talseitig vom Streckenabschnitt am Sommerberg mit wechselnden Ansichten bewundern kann.

Der Bahnhof Sitzendorf-Unterweißbach am Streckenkilometer 10,64 fällt durch den nicht mehr genutzten Wasserturm, der wie ein Wächter an den Gleisen steht, besonders auf. Der Haltepunkt ist Kreuzungsbahnhof und zusammen mit dem Bahnhof Mellenbach-Glasbach bei 16,44 km für Zugkreuzungen ausgelegt.

Das Schwarzatal, das die Bahn nunmehr flussaufwärts durchfährt, ist steilwandig und meistens sehr eng. Bahn und Gebirgsfluss kreuzen sich ab hier noch zwölfmal und die Brücken liegen fast alle in Gleisbögen.

Die Station Obstfelderschmiede bei 14,4 km ist Übergang zur Oberweißbacher Bergbahn und Übergabestelle für Güterwagen von und zur Bergbahn. Kurz hinter dem Haltepunkt liegt im Hauptgleis die Anschlussweiche mit Gleisen bis zur Drehscheibe der Bergbahn. Diese Anlagen sind noch voll betriebsfähig. Bei Kilometer 19,4 kreuzt die Strecke zum letzten Mal die Schwarza. Jetzt wird das Tal etwas weiter, die Gleisbögen erscheinen gestreckter, die Landschaft wirkt sanfter. Bei Kilometer 24,95 ist der Bahnhof Katzhütte erreicht, sein Prellbock markiert das Ende der Strecke.

Beschreibung der Bergbahn und der Flachstrecke auf der Höhe

Obstfelderschmiede besitzt einen „Doppelbahnhof". Der Haltebahnsteig der Schwarzatalbahn liegt unmittelbar neben der Talstation der Bergbahn. Das Bahnhofsgebäude besteht aus einer offenen Bahnsteighalle für den schräggebauten Personenwagen der Bergbahn, mit dem charakteristischen treppenförmigen Bahnsteig und einem sich östlich anschließenden eingeschossigen Gebäudetrakt, in welchem sich eine Verkaufsagentur und eine kleine Bahnhofsgaststätte befinden. Für die Güterbühne und deren aufgesetzten Personenwagen besteht ein weiterer Bahnsteig ohne Überdachung, direkt an der Verladestelle der Güterwagen, wo über eine Drehscheibe der Anschluss zur übrigen Eisenbahnwelt gesichert ist.

Die Bergbahnstrecke führt mit 25 % Steigung bei einer Spurweite von 1800 mm in einer Hangsenke steil bergan und bietet wunderschöne Aussichten auf den bewaldeten Gegenhang mit den hochgelegenen Fluren von Barigau und Oberhain.

An dem stufenförmigen Bergbahnwaggon und dem auf der keilförmigen Güterbühne aufgesetzten Eisenbahnwagen hatte der Zahn der Zeit besonders genagt, bevor sie 2002 gründlich nach historischem Vorbild wieder aufgearbeitet worden sind.

Die Standseilbahn funktioniert im Pendelbetrieb. An beiden Seilenden ist einer der Wagen befestigt. In der Bergstation wird das Seil über Treibscheiben geführt, die das Seil antreiben oder abbremsen. Besonders faszinierend ist es, wenn sich die beiden unterschiedlichen Wagen in der Mitte der Steilstrecke begegnen. Die dafür installierten Weichen haben keine beweglichen Teile und funktionieren nur zusammen mit den speziellen Radsätzen der Bergbahnwagen.

Das Zugseil von 40 mm Durchmesser besitzt die achtfache Sicherheit, dennoch sind erhebliche zusätzliche Sicherungsvorkehrungen getroffen worden, wenn es dennoch einmal reißen sollte.

Die Bergstation Lichtenhain beeindruckt mit ihrem Fachwerkbau und bietet dem Besucher herrliche Ausblicke. Im Maschinenhaus befindet sich die Antriebsanlage mit moderner Drehstromtechnik und weltweit einmaliger Anordnung. Elektronische Steuertechnik regelt den Antrieb und moderne Kommunikation steuert den Betriebsablauf. Die Bedienung der Anlage erfolgt aus den Bergbahnwagen heraus.

Die Bergstation Lichtenhain

Wie unten in Obstfelderschmiede, ist die Drehscheibe sehenswert, mit der die Fahrzeuge im Bedarfsfall von der Güterbühne gezogen und dann auf die Gleise verteilt werden können.

Die Flachstrecke Lichtenhain – Oberweißbach/Deesbach – Cursdorf wird mit 600 Volt Gleichstrom betrieben. Hier verkehren im Inselbetrieb drei extra für diesen Abschnitt gebaute Triebwagen der Baureihe ET 479. Die Höchstgeschwindigkeit auf der 2,5 km langen Strecke beträgt nur 30 km/h – genau richtig, um die Landschaftsbilder während einer Fahrt zu genießen. Auch hier gibt es eine technische Besonderheit – jeder Zug fährt in Lichtenhain planmäßig über die Drehscheibe.

Organisation des Bahnverkehrs

Etwa zwischen 5 und 20 Uhr – je nach aktuellem Fahrplan etwas verändert – fahren die Züge der Oberweißbacher Berg- und Schwarzatalbahn (OBS). Auf der Schwarzatalbahn gibt es einen Stundentakt, der die Anschlüsse in Rottenbach nach Erfurt oder Saalfeld sichert. Die Bergbahn selbst und die Triebwagen der Flachstrecke verkehren halbstündlich mit Anschlusssicherung in Obstfelderschmiede.

Fahrscheine erhalten Reisende in allen Fahrzeugen der OBS, an der Bergbahnagentur in Obstfelderschmiede sowie in verbundenen Verkehrsunternehmen. Verschiedene Hotels und Übernachtungsherbergen bieten gelegentlich ebenfalls Fahrscheine an.

Ein Fahrschein für eine einfache Fahrt beinhaltet je eine Fahrt der Schwarzatalbahn, der Bergbahn und der Flachstrecke und ist als **„OBS-Ticket"** zu erhalten.

Das **„OBS-Kombi-Ticket"** dagegen ist eine Tagesfahrkarte und erlaubt die beliebige Nutzung aller Züge der OBS und ausgewählter Buslinien. Rabatte erhalten Inhaber von Bahncard und Reisegruppen ab 10 Personen. Mit dem **„Erfurter Bergbahnticket"** kann man ebenfalls alle Strecken der OBS nutzen, außerdem die Bahn zwischen Erfurt und Rottenbach sowie Straßenbahn oder Bus in Erfurt. So können Reisende bequem von ihrem Stadtteil in Erfurt ins Schwarzatal und zurück unterwegs sein oder umgekehrt vom Schwarzatal einen Ausflug nach Erfurt zu günstigen Sonderkonditionen unternehmen. Gültige Fahrscheine sind bei allen beteiligten Partnerunternehmen erhältlich.

Mit Bahn, Bus oder Auto ankommen, wandern, mit der Bahn weiterfahren, wieder wandern – nichts einfacher als das. An allen Bahnhöfen und Haltepunkten bestehen Parkmöglichkeiten. Alle Verkehrsstationen sind übrigens mit barrierefreien Zugängen versehen, auch auf Bergbahn und Flachstrecke trifft das zu. Für Wanderer sind umfangreiche Informationstafeln zur Region an allen Bahnstationen aufgestellt. Also, „Gute Reise" und erholsames Wandern im Schwarzatal!

Olitätenland

Olitäten? Olitätenland? Nie gehört – was ist das, wo liegt das? So fragen und wundern sich viele Urlauber und Gäste in unserer Heimatregion immer wieder.

Olitäten sind Naturheilmittel, die von klugen Menschen „auf dem Walde" in der einstigen oberen Herrschaft der 1710 gefürsteten Grafen von Schwarzburg aus den hier wachsenden Heilkräutern und vorgefundenen Mineralien entwickelt wurden.

Der Begriff Olitäten leitet sich von dem lateinischen Wort oleum = Öl ab, weil ätherische Öle, vor allem aus Fichtensamen und Koniferennadeln wesentliche Grundsubstanzen bildeten. Die Einheimischen nannten den wichtigsten Grundbestandteil Kustelöl, da hierzulande die Fichtenzapfen Kusteln heißen.

Beginnend im 16. Jh., besonders im 18. Jh. sind die von Laboranten und Balsammachern aus dem „Thüringer Kräutergar-

Die Arnika - immer seltener werdende Charakterpflanze

ten" hergestellten Heilmittel durch Wanderhändler mit dem Tragereff oder dem Lederranzen weit über Thüringen hinaus verhökert worden. Diese Händler nannte der Volksmund „Buckelapotheker" oder „Raanzerte" wegen ihrer auffallenden Transportbehälter für Fläschchen, Büchsen und Schachteln voller Kräuterdestillate, Essenzen und Balsame, die sie auf dem Rücken trugen.

Heutige Nachschlagewerke und Fremdwörterbücher enthalten das Suchwort Olitäten nicht mehr. Meyers Konversationslexikon im Bd. 12 der Ausgabe von 1877 erklärt dagegen so:

„Olitäten – alle Arten von Ölen und Essenzen und wohlriechenden Wässern etc., welche in Waldgegenden als Arzneimittel und Parfümerien fabriziert und von umherziehenden Olitätenhändlern in den Handel gebracht werden."

Olitäten sind also eine wirtschaftsgeschichtliche Besonderheit unserer Landschaft am Thüringer Wald. Das Sammeln und Verarbeiten von Heilkräutern führte zum Namen „Thüringer Kräutergarten" für die Region. Das Gebiet umfasst eine Fläche von etwa 240 km^2 zwischen dem Rennsteig bei Neuhaus im Süden und den im Rinnetal liegenden Städten Königsee und Bad Blankenburg an seiner Nordflanke – das Olitätenland ist also kein kleiner Garten!

Der bis Holland, Polen, Ungarn und in die Schweiz nachgewiesene Handel der Buckelapotheker mit diesen Heilmitteln für Mensch und Tier brachte in der Glanzzeit des Olitätengewerbes Wohlstand, Ansehen und Weltoffenheit in unser Thüringer Land.

Auf engem Raum finden sich im Olitätenland die unterschiedlichsten Gesteinsarten. Alaunschiefer, Phycodenschiefer, Schiefertone und Quarzite des Ordoviziums, mit Eisen angereichert oder Spuren von Gold führend, Knotenkalke des Silur sowie Gipse und dolomitische Kalke des Zechsteins bilden wesentlich den geologischen Untergrund mit seinen verschiedenartigen Nährstoffdargeboten. Starke Höhenunterschiede und ständig wechselnde Hangneigungen und Hangrichtungen mit entsprechend variierenden klimatischen Bedingungen ergeben eine bemerkenswerte Pflanzenvielfalt mit einer beachtlichen Menge an heilkräftigen Kräutern. Wichtige Vertreter davon sind Arnika, Bärwurz, Schafgarbe, Kamille, Odermennig, Frauenmantel, Wundklee, Beifuß, Tausendgüldenkraut, Schöllkraut, Rainfarn, Augentrost, Mädesüß, Wasserminze, Walderdbeere, Brombeere, Himbeere, Enziane, Giersch, Schlüsselblume, Lungenkraut, Gundermann, Kleines Habichtskraut, Weiße Taubnessel, Steinklee, Leinkraut, Hauhechel, Wilder Dost, Spitzwegerich, Gänsefingerkraut, Blutwurz, Tollkirsche, Fingerhut, Ackerschachtelhalm, Faulbaum, Holunder, Huflattich, Brennnessel, Gamanderehrenpreis, Echter Ehrenpreis, Johanniskraut, Eisenkraut, Wacholder bis zum Lavendel, der vor rund 200 Jahren im Gebiet um Bad Blankenburg angebaut wurde. Diesen Schatz vor der Haustür, den Naturreichtum von Feld, Wald und Wiese, nutzten unsere Vorfahren. Erste Versuche, die Not in den Waldgegenden mit der Herstellung und dem Verkauf von Naturheilmitteln zu lindern, wurden zum Volltreffer in der Gewerbeentwicklung. Kräuterfrauen und Kinder sammelten die Grundprodukte, Kustelsteiger ernteten die Zapfen in den Fichtenwipfeln, Laboranten stellten die Essenzen und Tinkturen her, vertrieben selbst oder stellten Buckelapotheker als „Außendienstler" für den Fernhandel ein. Je nach ihrer Heimatregion nannte man die Buckelapotheker noch Raanzerte nach ihrem Lederranzen, Balsamträger oder Olitätenhändler. Die Bezeichnung „Königseer" war am stärksten verbreitet, da der notwendige Gewerbeschein den Stempelabdruck „Königsee" aufwies.

Zur Huldigung für den ersten Fürsten von Schwarzburg-Rudolstadt, Ludwig Friedrich I. (1667 – 1718), im Jahre 1711 gaben 5000 „patres familiae" des Amtes Schwarzburg-Königsee, also Familienväter, die im Kräutergarten Thüringens lebten, ihren Beruf an. 1500 beschäftigten sich mit „Laborieren und Austragen der sogenannten Olitäten" und sicherten damit das Auskommen für ihre Familie.

Um das Gewerbe gegen Nachahmer und Panscher zu schützen, gründeten Laboranten 1711 in Königsee ein Syndikat. In der Stadt Königsee befand sich damals der Sitz des Amtmannes der Fürsten von Schwarzburg-Rudolstadt für den Verwaltungsbezirk. Hier mussten sich die Buckelapotheker registrieren lassen, ihre Erzeugnisse benennen, die Inhaltsstoffe und das Belieferungsgebiet angeben, eine Prüfung und den Eid der Buckelapotheker ablegen. Erst dann wurde der Gewerbepass ausgestellt, der sie zur Vertreibung der „Königseer Tröpfchen" legitimierte. Das Olitätengewerbe ist somit aktenkundlich gut nachweisbar.

Eine überaus umfangreiche Produktpalette entwickelte sich im Lauf der Jahrhunderte. Von ihren weiten Touren brachten die Olitätenhändler das Wissen um ausländische Kräuter und Gewürze mit. Später über Drogerien bezogen, bekamen diese einen festen Stellenwert neben den heimischen Heilkräutern. Einige Beispiele der so entstandenen Olitätenprodukte sind: Lebens-Essenz, Lebensöl, Hoffmannstropfen, Melissengeist, Hiengfong, Arnikatinktur, Wacholderbeersaft, Mainzer Tropfen, Opodeldoc, Bergöl, Jerusalemer- oder Wiener Balsam, Pain-Expeller, Morisons Pillen, in Spanschachteln verpacktes Schwarzburger Pflaster in den Farben braun, grün oder weiß, Hamburger Pflaster in Stangen, Schneeberger Schnupftabak, Hufeländer Augentabak und vieles mehr.

Mit Kenntnis, Witz und Pfiffigkeit brachten die Buckelapotheker ihre Ware zum Verkauf.

Die Vertriebsgebiete der Buckelapotheker erstreckten sich in der Glanzzeit des Gewerkes, nach dem 30jährigen Krieg und im 18. Jahrhundert, über ganz Deutschland und weite Teile Europas. Die Buckelapotheker waren damals schon Europabotschafter.

Das Hausiererverbot, die Apothekerverordnung des Deutschen Bundes von 1841 und das Bismarcksche Krankenkassengesetzt 1884 brachten nach und nach das „Aus" für das Olitätengewerbe und die kleinen Hausbetriebe. Entwickelt aus dieser Tradition hat sich aber in unserem Gebiet die älteste Pharmafabrik Deutschlands, die Firma Lichtenheld in Meuselbach, jetzt Krewel-Werke in Gehren / Thüringen. Die Firma Hofmann & Sommer in Königsee ist ein weiterer starker Vertreter der althergebrachten Arzneiherstellung.

Die bewährtesten Produkte von damals leben fort, sind Allgemeingut geworden, die Hintergründe des Entwicklungsprozesses sind lange Zeit in Vergessenheit geraten.

Die einmalige Geschichte aufzuarbeiten und diesen Schatz touristisch nutzbar zu machen, ist heute erklärtes Ziel. Die Pflege und Wiederbelebung dieser einzigartigen Tradition im Thüringer Kräutergarten ist derzeitig das touristische Alleinstellungsmerkmal, somit übergreifendes Bindeglied für all die anderen touristischen Teilangebote. Der 1994 gegründete regionale Förderverein „Olitätenwege im Thüringer Kräutergarten" e.V. mit Sitz in Großbreitenbach, Myliusstraße 7, hat sich dieser Aufgabe gewidmet.

Als Alleinstellungsmerkmal für die Region anerkannt, wurde die Olitätengeschichte zum gemeinsamen Anliegen der Gemeinden des Gebietes. Sichtbar dokumentiert ist das durch die Eingangsbeschilderung „Herzlich willkommen im Thüringer Kräutergarten - Olitätenland".

Digitalis, eine bewährte Heilpflanze

Anschauungswert gestaltete Kräutergärten bieten ein erstes Kennen lernen, Kräuterseminare, Kräuterwanderungen und Kräuterfeste ein Vertiefen der Kenntnisse für alle Interessenten. Man kann einen „echten" Buckelapotheker erleben, historische Olitätenstätten aufsuchen und

Kräuterfeste mit feiern. Gastronomische Angebote gliedern sich an. Kräuterfrauen – die „Schwarzatalhexen" genannt – wirken wieder im Olitätenland. Es geht ums „Wohlfühlen" und es geht ums „Wandern".

Der neu konzipierte „Olitätenrundwanderweg" erschließt den „Thüringer Kräutergarten" mit seinen Reizen und ist Angebot für Wanderurlaub oder Tagesausflug. Er führt etwa 177 Kilometer durch das Olitätenland. Entlang des Weges bieten sich vielfältige Möglichkeiten, die Kräuter der Region sowie die daraus hergestellten Produkte – die Olitäten – kennen zu lernen und manch Wissenswertes über sie zu erfahren.

Integriert in die Wanderrouten sind Schauwerkstätten zur Porzellan- und Glasherstellung. In gegenseitiger Befruchtung gewachsen – besonders Glas wurde für Olitätenfläschchen und Destillierapparate ständig benötigt – können die Wechselbezüge zwischen Heilkräutern und ihrer technischen Verarbeitung kennen gelernt werden. Erweiterbar ist das Tourismusangebot außerdem durch Besuche einer Traditionsbrauerei und von Spielzeugfertigungsstätten.

Aber vor allem die Landschaft der Region mit ihren romantischen Tälern und den Gebirgszügen, von deren Höhen sich herrliche Rundblicke bieten, ist erlebenswert. Das an den Rennsteig angrenzende Olitätenland ist in einer Höhe ab 500 Meter ü. NN Heimat für Bärwurz und Arnika. Das wechselvolle Landschaftsbild erstreckt sich bis hin zu den Muschelkalkhängen von Bad Blankenburg (230 m ü. NN) mit dem Lavendel als typisches Kraut in Stadt und Flur.

Höhepunkte im Kräuterjahr sind jeweils der „Traditionelle Kram- und Kräutermarkt", immer nahe dem 15. August mit der Wahl der „Thüringer Olitätenkönigin". Die Anwärterinnen müssen fundierte Kräuterkenntnisse beweisen. Bis zu 30 Heilkräuter sind zu bestimmen und deren Wirkstoffe zu erläutern. Für ein Jahr präsentiert die Kräutermajestät dann gemeinsam mit dem Buckelapotheker das Olitätenreich auf Messen und Festveranstaltungen.

Ebenfalls für ein Jahr residiert die „Lavendelkönigin" in Bad Blankenburg. Zur Erinnerung an die Tradition des Lavendelanbaus wird eine junge Frau der Stadt oder ihrer Ortsteile von einer Jury gewählt und mit Schärpe und Lavendelkrone gekürt. Mit von der Partie sind die Lavendelkinder und es gibt ein öffentliches Lavendelbad für bekannte Stadtpersönlichkeiten. Bad Blankenburg schwelgt ein Wochenende in lavendelblau!

Als fachkundige Ansprechpartner stehen neben den Bezugspersonen im gewerblichen, touristischen und kulturellem Bereich auch Kräuterfrauen und Kräuterhexen sowie Buckelapotheker der heutigen Zeit zur Verfügung.

Der Rundweg tangiert an sieben Stellen unmittelbar oder mit geringer Entfernung die Wanderbahnhöfe Bechstedt/Trippstein, Schwarzburg, Sitzendorf, Meuselbach-Schwarzmühle, Lichtenhain/Bergbahn, Oberweißbach und Cursdorf. Der Bahnhof Lichtenhain/Deesbach ist als Stempelstelle für den Rundwanderweg wichtiger Kreuzungspunkt zur Bergbahn. Die Bahn ist untrennbarer Bestandteil des Olitätenlandes, Wanderer können folglich mit vielerlei Kombinationen die Oberweißbacher Berg- und Schwarzatalbahn zur Tagesgestaltung nutzen.

WANDERUNG 1

„Aus grauer Städte Mauern"

Wegeverlauf: HP Bechstedt – Trippstein – Schwarzburg – Schwimmbad – Pocherbrücke – Schlossterrasse – Bf. Schwarzburg

Charakter: Streckenwanderung mit unterschiedlichen Anforderungen. Anfangs recht bequem, bis zum Trippstein stetig ansteigend, danach Steilabstieg auf schmalem Serpentinenpfad hinunter zur Schwarza. Für Kinder ab 8 Jahre geeignet.

Wanderstrecke:	9,6 km
Anstiege:	259 m
Abstiege:	267 m
Höchster Punkt:	475 m
Niedrigster Punkt:	270 m
Kalorienverbrauch:	ca. 750 kcal
Gastronomie:	Gaststätten in Bechstedt und Schwarzburg

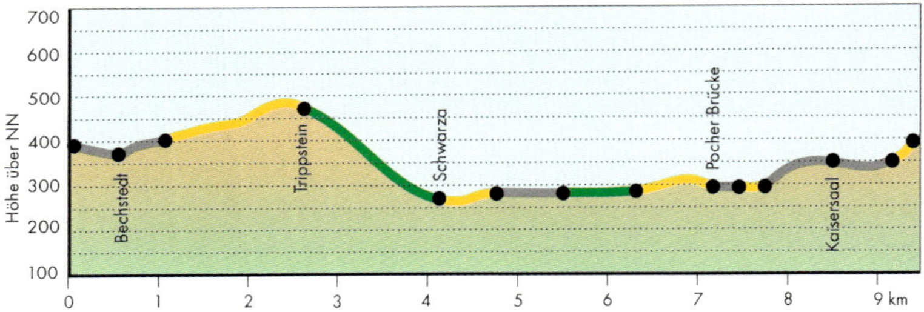

Wegebeschreibung: Am Haltepunkt Bechstedt verlassen wir die Schwarzatalbahn. Das kleine Dorf Bechstedt (etwa 370 m NN) breitet sich anmutig in einer Talsenke 0,6 km vor uns aus. Äcker und Wiesen umkränzen die Ansiedlung. Kalkreiche Zechsteinablagerungen bedingen eine sanftwellige Oberflächenstruktur der Landschaft. Wir wenden uns zur Asphaltstraße, überschreiten die Bahnlinie Richtung Ortsmitte, kommen zur Dorflinde mit dem Hauptwegweiser „An der Linde" und wandern nach rechts allmählich ansteigend am Hauptwegweiser „Am Angerweg" vorbei Richtung Schwarzburg. Auf dem mit alten Obstbäumen gesäumten Feldweg erreichen wir die Flurgrenze dort, wo mit einem tiefen Einschnitt die Schwarzatalbahn fast den Wanderweg berührt. Hier lohnt sich ein Blick zurück. Hinter Bechstedt breitet sich die liebliche Vorgebirgslandschaft mit den waldbedeckten Buntsandsteinkuppen und den schroffen Muschelkalkhängen aus. Bergahornbäume am rechten Wegrand begleiten uns zum Hauptwegweiser „Bechstedter Tor", der am Wegedreieck gleich danach steht. Der Waldrand markiert die geologische Grenze zum Schiefergebirge.

Wenige Meter geradezu weiter, nahe der benachbarten Bahnbrücke mit dem Hauptwegweiser „Obere Flaschenwiese", erreicht

übrigens die Schwarzatalbahn im Brechpunkt bei 426 m NN den höchsten Punkt ihres Streckenverlaufes. Der Endbahnhof in Katzhütte weit oben im Schwarzatal weist „nur" eine Höhe von 416 m auf.

Das Bechstedter Tor war einer der früheren Zugänge zum fürstlichen Jagdgatter. Hier treffen wir auf den Heinrich-Cotta-Lehrpfad mit dem Wegzeichen grüne Fichte im weißen Quadrat, dem wir nach links auf der Forststraße Richtung Cordobang 0,2 km folgen. Am Tannenstock mit seinen Informationstafeln zur Waldökologie zweigt der Lehrpfad nach rechts ab, führt an Douglasien und Roteichen vorbei und steigt langsam zum Trippsteinhäuschen (475 m NN) auf. Den 0,6 km langen Waldweg dorthin säumen Stangenhölzer von Fichte, Kiefer und Lärche, mit einigen Birken gemischt.

Der berühmte Trippsteinblick bietet ein faszinierendes Landschaftsbild mit dem stark eingekerbten Schwarzatal und seinen bewaldeten Berghängen. Das ehemalige Jagdschloss der Fürsten von Schwarzburg-Rudolstadt thront über dem Urlaubsort Schwarzburg, dessen Häuser sich malerisch in das Gebirgstal einschmiegen. Im Morgenlicht eines Frühlings- oder Herbsttages wirkt der Zauber des Farbenspiels der Mischwälder an den Bergflanken mit den darin eingebetteten bunten Fachwerkgebäuden und blauschwarzen Schieferdächern tief unten an der Schwarza besonders eindrucksvoll. Hinter einer Ruhebank trägt ein gemauerter Sockel eine Metalltafel, auf der alle Berge und Ortschaften im Blickfeld mit Richtung und Entfernung eingraviert sind.

Neben diesem Gesteinssockel geht ein schmaler Steig recht steil und in Serpentinen den Berghang hinunter, überquert den Fuchstischweg, führt an imposanten Schieferfelsen vorbei durch Mischbestände von Kiefern, Eichen und Fichten, bis nach einem Abstieg von über 150 Höhenmetern bei 320 m NN am Steinernen Tisch die Landstraße von Bad Blankenburg nach Schwarzburg erreicht ist. Unter Beachtung des Verkehrs gehen wir über die erneuerte Asphaltstraße und folgen wieder einem Serpentinpfad unterhalb der Straße und treffen auf die Stegbrücke am Pegelhaus der Schwarza. Der Pegel ist mit 270 m NN eingemessen und wird automatisch hydrologisch überwacht. Je nach Wetterlage fließt hier ein munter plätscherndes, klares Gebirgsflüsschen oder tosendes, braun verfärbtes Hochwasser tobt breiter als das Flussbett das Tal hinunter.

Schwarza: Beherrschender Gebirgsfluss im Wandergebiet, dessen altdeutscher Name „swarzaha" (= schwarzes Wasser) vermutlich vom dunklen Schiefergestein und den hohen, schattigen Uferwäldern abgeleitet ist. Entspringt nördlich des Rennsteigs am südwestlichen Fuß des Rollkopfs bei Scheibe-Alsbach in 717 m Höhe. Nach 52 km Verlauf mündet der Fluss in Schwarza, heute ein Stadtteil von Rudolstadt, bei 201 m NN in die Saale.
Sauberes Fließgewässer mit Äschen, Bach- und Regenforellen als Fischbesatz. Bei stärkerem Gefälle Wildwassercharakter mit Stromschnellen, Kolken, Strudeltöpfen sowie wandernden Kiesbänken und Schotterinseln. Brutbiotop für Wasseramsel, Eisvogel und Gebirgsbachstelze, Winterquartier für Enten und Graureiher. Seit 1267 ist Flößerei beurkundet, die erst 1873 eingestellt wurde. Seit dem Spätmittelalter treibt ihre Wasserkraft Jahrhunderte hindurch Erzpochwerke, Eisenhämmer, die Blasebälge der Hütten, Pulver- und Lohmühlen, einige Mahlmühlen, später auch Schneide- und Märbelmühlen, ab 1900 sogar Turbinen für örtliche Elektroenergienutzung. Die Talsperren bei Scheibe-Alsbach und Deesbach dienen der Trinkwasserversorgung. Die fast fertiggestellte Lichtetalsperre bekommt Mehrfachfunktion, soll aber vor allem das Trinkwasserdargebot für Ostthüringen sichern. Das neue Pumpspeicherwerk bei Goldisthal liefert Elektroenergie in Spitzenbelastungszeiten.

Am anderen Ufer der Schwarza biegen wir nach rechts ab und wandern am Sportplatz vorbei. Links am Berghang richtet derzeitig die Fachhochschule für Forstwirtschaft Schwarzburg einen forstbotanischen Garten mit Gehölzen gemäßigter Breiten aus aller Welt ein. Für dendrologisch interessierte Wanderer lohnt sich ein Abstecher.

Fachhochschule für Forstwirtschaft in Schwarzburg: Als Landesforstschule für Thüringen 1946 gegründet. Im Gebäudekomplex eines früheren Pädagogiums eingerichtet. Diese Privatschule mit Internat bestand von 1919 bis 1938 und führte Knaben wohlhabender Familien bis zum Abitur oder zur mittleren Reife. Aus der Landesforstschule ging 1950 die Fachschule, ab 1968 die Ingenieurschule für Forstwirtschaft hervor. Jährlich etwa 50 Absolventen wurden nach dreijährigem Direktstudium und bestandenen Prüfungen zumeist in Forstrevieren des Hügellandes und der Mittelgebirge der DDR als Revierförster eingesetzt. Außerdem fand eine Ausbildung von Forstpraktikern in einem vierjährigen Fernstudium zum Forstingenieur statt, bis 1992 konnten 13 Fernstudentenkurse erfolgreich ihre Fach-

Strudeltöpfe in der Schwarza

prüfungen abschließen. Nach 1990 Umwandlung in eine verwaltungsinterne Fachhochschule, die von den Fachministerien der Freistaaten Sachsen und Thüringen getragen wird. In vierjähriger Gesamtstudienzeit erfolgt unter hohem Anteil von Studienabschnitten in der Forstpraxis eine Ausbildung zum Diplom-Forstingenieur (FH) für den gehobenen Forstdienst. Einzige Fachhochschule im Landkreis Saalfeld-Rudolstadt. Der kleinen Fachhochschule droht 2008 die Schließung.

Ansonsten bleiben wir am rechten Ufer der Schwarza und erreichen nach 400 m das Zentrum von Schwarzburg an der Schwarzabrücke mit Kirche, Arztpraxis und kleinen Geschäften. Mehrere Gaststätten laden hier zur Rast.

Nun geht es entlang der Straße der Jugend, bis der in die Schwarza einmündende Buschbach das Ende des Urlaubsortes markiert. Das Hotel „Zum Wildpark" erinnert an das ehemalige fürstliche Wildgatter, dessen hoher Zaun hier direkt an Schwarzburg angrenzte. Links am Hang steht das Hauptgebäude der Jugendherberge „Hans Breuer". Nur einige Schritte weiter überqueren wir den Brückensteg zum linken Ufer der Schwarza und kommen flussaufwärts an weiteren Gebäuden der Jugendherberge vorbei. Unser Wanderpfad trifft kurz darauf an die Schwarza und verengt sich zwischen dem Gebirgsfluss und den Felsen des Schlossberges. Hier am südlichen Wendepunkt ihres Mäanderbogens hat sich die Schwarza ihre tiefste Stelle, den „Zirkentümpel", ausgekolkt. Bis zu Beginn der 50er Jahre des 20. Jahrhunderts war das die Flussbadestelle für Einheimische und Urlauber. Nach 0,7 km wechseln wir erneut über einen Brückensteg – es ist die dritte Holzbrücke auf der Wanderstrecke – an die andere Flussseite mit ihren Wiesen. Hier unterhalb des Jagdschlosses waren bis 1945 umfangreiche Fütterungen, Salzlecken und Suhlen für das Rotwild eingerichtet.

Unser Wanderweg führt am idyllisch gelegenen Freibad entlang, wendet sich aber noch vor dessen Kasseneingang nach links, den bewaldeten Terrassenhang einer „Alt-Schwarza" aus den Eiszeiten hinauf. In den mittelstarken Baumholzbeständen aus Rot- und Hainbuche, bunt gemischt mit einzelnen Eschen und Birken, auch Ahorn, fallen beiderseits des Waldweges trichterartige Löcher auf, einige fast zwei Meter tief. Es sieht aus, als wären hier Bomben eingeschlagen. Das jetzige Waldgebiet war in längst vergangenen Jahrhunderten ein Seifengelände zur Goldgewinnung.

Goldgewinnung: Wahrscheinlich haben schon Kelten vor der Zeitenwende an der Schwarza Gold gewaschen. Das Oppidium an der Hünenkuppe oberhalb des Ebersteins mit seiner Edelmetallverarbeitung deutet darauf hin. Die Grafen von Schwarzburg ließen Jahrhunderte lang in den pleistozänen Schotterterrassen der einstigen Gleituferbereiche der hocheiszeitlichen Schwarza Seifen ausbeuten. Das hier abgelagerte goldhaltige Kies-Schottergemisch wurde zum Fluss gebracht und mit der Schüssel ausgewaschen (Seifengoldgewinnung). 1530 besaßen 20 Gewerkschaften Lehen zur Seifenausbeute an der Schwarza. Außerdem erfolgte auch Berggoldgewinnung entlang goldhaltiger Quarzadern im Schiefergestein durch Bergleute. Bergbau auf Gold ist schon im 14. Jh. bei Goldisthal bezeugt. Bei Schwarzburg bestand am Tännich ein Goldbergwerk. Nach 1774 ist die Goldgewinnung durch das Fürstenhaus Schwarzburg-Rudolstadt eingestellt worden. Nach Zufallsfunden flackerte das Goldfieber kurzzeitig auf, so auch nach dem Fund einer größeren Goldstufe im Jahre 1800 beim Bau des Wehres für den Mühlgraben zum Pochwerk oberhalb von Schwarzburg. Zu Beginn des 19. Jh. zertrümmerte diese Anlage an der Pocherbrücke mit Wasserkraft Eisenerzbrocken zur Schmelze. An bestimmten Wochenenden im Sommer wird in Sitzendorf und Schwarzburg an ausgewiesenen Stellen für Touristen Goldwäscherei unter fachkundiger Anleitung angeboten. Winzige Goldflitter sind Lohn des mühsamen Urlaubsvergnügens.

Etwa 0,6 km vom Freibad entfernt befindet sich links vom Weg, inmitten der Seifenlöcher versteckt, ein eigenartiger Kuppelbau aus Schiefergestein – die Sauhütte. Dieses Kleinod barocker Jagd ist so in den Waldboden eingetieft, dass die Schießscharten sichere Abschussmöglichkeiten auf Schwarzwild boten. Nach weiteren 0,3 km treffen wir auf eine breite Waldstraße, der bergab nach rechts bis zur Pocherbrücke gefolgt wird. Ein Wehr oberhalb der Brücke mit Mühlgraben rechts der Schwarza war Voraussetzung für ein Pochwerk, das mit Wasserkraft Eisenerz zur Schmelze zerkleinerte. Erneut wird die Schwarza überquert, nun wieder am linken Ufer führt der Weg 0,7 km flussabwärts am großen Parkplatz vorbei und danach 0,3 km ziemlich steil den Hangsteig zu den Schlossterrassen hinauf. Der neugestaltete Zugang zur Schlossruine bietet beiderseits schöne Ausblicke. Nach Osten liegt der untere Ortsteil von Schwarzburg mit der Fachhochschule für Forstwirtschaft am Gegenhang. Zur anderen Seite breitet sich die Hirschwiese in der Talniederung aus. Das 1953/54 gebaute Sommerbad leuchtet blau im Hintergrund. Aus dem Tal erhebt sich der schlossgekrönte Bergsporn imposant um etwa 80 Höhenmeter. Die jetzt bewaldeten Steilhänge wurden bis zum Katastrophenbrand in der Burganla-

Der Kaisersaal

ge 1726 aus Verteidigungsgründen völlig vegetationsfrei gehalten. Das Rundbild wird eingerahmt von hoch ragenden Berghängen mit Laub- und Mischwald.
Auf der Schlossterrasse erinnert ein Großbild des Reichspräsidenten Friedrich Ebert an die Unterzeichnung der Weimarer Verfassung, der ersten demokratischen Verfassung Deutschlands, hier in Schwarzburg am 11. August 1919. Ein Gedenkstein im ehemaligen Kurpark und ein Gedenkzimmer im benachbarten Hotel Schwarzaburg östlich der Straße erklären die geschichtlichen Hintergründe.
Wir gehen den Schlossaufgang weiter, steigen aber vor dem Brunnen rechts auf die Schanze, der ersten Verteidigungsanlage der mittelalterlichen Burg. Von hier bietet sich ein zauberhafter Blick. Ringsum können wir einen Großteil der Wanderstrecke nochmals mit den Augen „abgehen". Wieder am Brunnen, durchschreiten wir die zerstörten Toranlagen, passieren das mit zwei Türmen bewehrte ehemalige Zeughaus, darauf das stark verschlissene Kastellansgebäude und sind enttäuscht vom Zustand des einstmals prächtigen Jagdschlosses derer von Schwarzburg-Rudolstadt.

Schloss Schwarzburg wurde als „Swarzinburg" erstmals 1071 urkundlich erwähnt. Die Burg auf einem Bergsporn im Schwarzatal, ab dem 12. Jh. Stammsitz der Grafen von Schwarzburg, galt als uneinnehmbar. Nach Bränden 1695 und 1726 entstand aus der Wehrburg eine barocke Schlossanlage, die den Fürsten (seit 1710) von Schwarzburg-Rudolstadt als Sommersitz und Jagdschloss diente.
1940 wurde die dort lebende letzte Fürstin Anna-Luise von der Naziregierung vertrieben. Das prächtige Barockschloss sollte in einen „Reichsgästehof" der Hitlerregierung umgebaut werden. Infolge der Kriegslage stellte 1943 die Bauleitung alle

Arbeiten wegen Mangel an Geld, Material und Arbeitskräften ein. Seitdem thront eine Ruine auf dem Schlossberg.
Bis zur 900-Jahrfeier 1971 gelang es, das 1695 erbaute Kaisersaalgebäude zu restaurieren. Außenanlagen und Schlosszufahrt sind nach 1993 grundlegend erneuert worden.
Seit dem Ende des 19. Jh. war das Zeughaus der Schwarzburger im einstigen Vorburggelände mit seinen fast 3000 inventarisierten Objekten zur Militär- und Jagdgeschichte aus sechs Jahrhunderten eine berühmte Attraktion. Die Zeughaussammlung ist derzeitig auf Schloss Heidecksburg in Rudolstadt magaziniert, nur wenige Stücke werden im Museum gezeigt.

Kaisersaal: Die ursprünglich dreiteilige Anlage ließ Erbprinz Ludwig Friedrich (1667 – 1710 – 1718) ab 1697 als Orangerie und Gartenhaus errichten. Der Rohbau war erst 1709 abgeschlossen, die Fertigstellung erfolgte 1718/19. Der westliche Seitenflügel ist 1776 wegen akuter Absturzgefahr infolge erheblicher Hangerosion abgetragen worden. Nach Fürstung des Grafenhauses 1710 durch Kaiser Joseph I. (1678 – 1705 – 1711) erhielt das Gebäude eine neue Funktion – es hatte die Zugehörigkeit derer von Schwarzburg zum deutschen Hochadel zu dokumentieren. Da Günther XXI. von Schwarzburg (1304 – 1349) wenige Monate 1349 als König das Heilige Römische Reich deutscher Nation regierte, sollte in einem Kaisersaal mit der Darstellung der Herrscherfolge der sichtbare Beweis dazu geliefert werden. Der imposante Lichtschacht des Mittelpavillons, der als Laterne über dem Saal im Obergeschoss thront, erhielt eine Ausmalung mit 48 lebensgroßen Kaiserbildern. Die Reihen beginnen mit Karl d. Großen und enden mit Karl VI., der von 1711 – 1740 regierte. Zwischen Ludwig IV., der Bayer, seinem Vorgänger, und Karl IV., seinem Gegenspieler, steht in voller Rüstung der Schwarzburger. Die kunstgeschichtlich interessante Innengestaltung und wechselnde Ausstellungen lohnen den Besuch des Gebäudes. Das Gartenparterre vor dem Kaisersaal hat die Stiftung Thüringer Schlösser und Gärten nach historischen Plänen 2001 neu gestaltet.

Vom Kaisersaal gehen wir den Weg zurück bis zum Hotel „Weißer Hirsch", treffen hier am Rondell auf den Kreisverkehr des oberen Ortes und folgen bergauf der Landstraße Richtung Allendorf auf der linken Seite unter strenger Beachtung des Verkehrs. Erst hinter einer unübersichtlichen Kurve überqueren wir die Straße und steigen weiter auf einem schmalen Weg hinauf zum Bahnhof Schwarzburg, der wie ein Bergschlösschen anmutet.
Von einer neugebauten Aussichtsplattform bietet sich nochmals ein Blick über die Rodwiesen und die Schlossruine bis hinauf zur Schabsheide (um 550 m NN), eingerahmt vom Quittelsberg (709 m NN) rechts am Horizont und die Felder von Burkersdorf (um 600 m NN) an der linken Seite. Das Pfeifen des Triebwagens reißt uns aus Abschiedsbetrachtungen und kündigt die Rückfahrt an.

WANDERUNG 2

„Was gibt es Schöneres auf der Welt?“

Wegeverlauf: HP Bechstedt – Bechstedt – Angerweg – Schweizer Haus – Uferweg an der Schwarza – Schwarzburg – Rondell – Bf. Schwarzburg
Charakter: Zumeist wenig anstrengende Streckenwanderung, aber auf langem Abstieg zum Schweizerhaus Trittsicherheit erforderlich. Für Kinder ab 8 Jahre geeignet.

Wanderstrecke:	9,3 km
Anstiege:	229 m
Abstiege:	237 m
Höchster Punkt:	471 m
Niedrigster Punkt:	260 m
Kalorienverbrauch:	ca. 750 kcal
Gastronomie:	Gaststätte „Schweizer Haus“, Gaststätten in Bechstedt und Schwarzburg

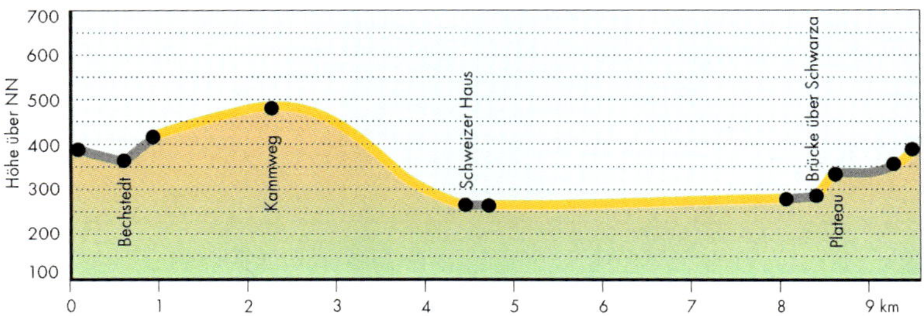

Wegebeschreibung:
Auch diesmal steigen wir am Haltepunkt Bechstein aus der Schwarzatalbahn und wandern anfangs auf der Straße zum schmucken Dorf Bechstedt. In der Ortsmitte am Hauptwegweiser „An der Linde“ wenden wir uns nach rechts und steigen Richtung Schwarzburg die Dorfstraße empor. Am Ortausgang geht es am Hauptwegweiser „Am Angerweg“ wenige Schritte nach links weiter, um dann dem rechten Abzweig zum Waldrand zu folgen. Die Feldflur zur Linken ist durch bäuerliche Rodung im Hochmittelalter auf Zechstein entstanden. Die Wald-Feldgrenze zeigt den geologischen Übergang zum nährstoffarmen Schiefergestein des Ordoviziums an.

Zechstein: Geologisch jüngere Abteilung des Perm vor 230 Millionen Jahren. In Thüringen durch Flachmeerablagerungen von Kalk, Dolomit und Tonsteinen und die Eindampfungssedimente Gips, Anhydrit sowie mächtige Stein- und Kalisalzschichten im Untergrund weit verbreitet. Ein schmales Zechsteinband zieht sich von Bad Blankenburg bis Königsee mit seinen kalkigen Ablagerungen sowie kupfer-, silber- und kobaltführenden Flözen, die schon im Spätmittelalter abgebaut worden sind. Die Kalke sind stellenweise verkarstet und boten mit Höhlen und Abri (franz. = Obdach: Felsüberhänge) Wohnplätze und Sommerlager für Jäger der Altsteinzeit (Heiliger Berg bei Allendorf, Höhlen bei Garsitz, Abri bei Leutnitz). Einige Riffe, von Moostierchen (Bryozoen) aufgebaut, bezeugen die ehemalige Brandungslinie des Zechsteinmeeres (Pabstfelsen nördlich von Böhlscheiben) im Wandergebiet.

Ordovizium: Geologische Formation des Erdaltertums vor 500 – 440 Mill. Jahren mit Frauenbach- , Phycoden- und Gräfenthaler-Schichten großer Mächtigkeit. Ursprünglich marine feinsandige Flachwassersedimente, die unter subpolaren Klimabedingungen abgelagert wurden und heute als quarzitische Härtlinge markante Erhebungen im Schiefergebirge bilden (Wurzelberg 843 m NN und Jagdschirm 813 m NN bei Katzhütte, Meuselbacher Kuppe 786 m NN, Kirchberg bei Oberweißbach 784 m NN). Die varistische Gebirgsbildung vor etwa 320 Mill. Jahren bewirkte die Heraushebung der Sedimente, die dabei verfaltet, zerschert, überkippt und geschiefert worden sind. Abbaubarer Griffelschiefer entstand bei Burkersdorf, Döschnitz und Leibis, Dachschiefer vor allem unterhalb von Böhlscheiben, bei Schwarzburg und oberhalb von Unterweißbach. Entlang von Verwerfungen bildeten sich Quarzgänge, die Roteisenstein führen und somit die Grundlage für die Eisenverarbeitung im Schwarzatal lieferten. Nur bei Glasbach drang granitisches Magma bei der Gebirgspressung soweit nach oben, dass heute der freigewitterte Steinberg (587 m NN) den einzigen Granitstock im Schwarzatal bildet. Leitfossil im Phycodenschiefer sind besenförmige, sandgefüllte Gänge des Meereswurmes Phycodes circinatus.

Nach 0,7 km leichten Anstiegs immer fast geradeaus führt der Weg in die Waldbestände mit Kiefer und Fichte als Hauptbaumarten hinein. Nach weiteren 0,5 km treffen wir auf die ausgebaute Forststraße und erreichen mit 471 m den höchsten Punkt der Wanderstrecke. Der Straße folgen wir nach links Richtung Cordobang, um nach 0,2 km nun nach rechts abzubiegen. Zuerst wandern wir noch auf dem Höhenplateau durch wechselnde Waldbilder, die von Fichten- und Kiefernbeständen bestimmt sind, dann beginnt der zunehmend steiler werdende Abstieg im Tobegraben hinunter zum Schweizer Haus. Bald treffen wir auf den Heinrich-Cotta-Lehrpfad, dem nach links bis zum Hauptwegweiser Nr. 155 zu folgen ist. Dort beginnt der zweite Teil des Steilabstieges hinunter ins Schwarzatal. Auf dem teils schmalen Felspfad ist besondere Vorsicht geboten. Rechts unten am Bachbett stehen stattliche Fichten, bergseitig lösen sich Stangenhölzer, Dickungen und Baumhölzer von Fichte, Kiefer und Lärche mit einigen Birken ab. Im unteren Serpentinenbereich des Pfades sind einige Weißtannen zu finden. Der Tobegraben kann nach Sommergewittern und bei Schneeschmelze gefährliches Hochwasser mit Schutt- und Geröllmassen führen. Im August 1981 hat er das letzte Mal das Schweizer Haus verwüstet und die Schwarzastraße völlig zugeschüttet. Nach dem Abstieg von über 200 Höhenmetern ist eine Rast in der Gaststätte verdient.

Schweizer Haus: Hier, oberhalb eines früheren Floßplatzes mit seinem Floßrechen quer über dem Gebirgsfluss, befand sich bis zum 19. Jh. eine Hütte für Floßknechte. Nach Hungerjahren im „oberen Walde" und dadurch ausgelöster extre-

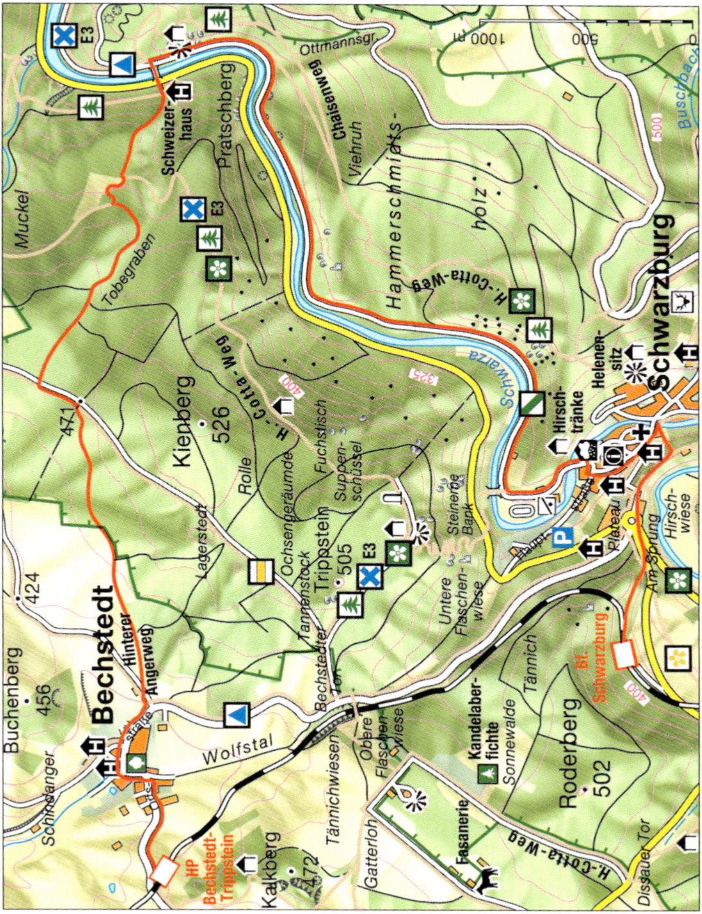

mer Wilddieberei im fürstlichen Wildgatter am Wurzelberg zwischen Neuhaus und Katzhütte, musste der dortige Wildhüter Gotthelf Oppel aus der „Schusslinie" genommen werden. 1838 errichtete die fürstliche Tiergartenverwaltung für Oppel an der Einmündung des Tobegrabens in die Schwarza ein Dienstgebäude im Stil eines alpenländischen Bauernhauses. Nach Erteilung der Schankgenehmigung entwickelte sich aus der „Oppelei" eine der bekanntesten Ausfluggaststätten im Schwarzatal.

Flößerei: Am 3. August 1267 stiften die Grafen Günther VII., Günther IX. und Heinrich V. von Schwarzburg ein Zisterzienser-Nonnenkloster in Saalfeld. Unter den Klostereinkünften wird der Zehnte vom Erlös der Holzflößerei auf der

Der Bahnhof Schwarzburg

Schwarza beurkundet. Jahrhunderte hindurch war der Gebirgsfluss der „Holztransporter“ für das Schwarzburger Unterland am Saalebogen. Zumeist Scheitholzflößerei mit dem Schwallwasser der Floßteiche zur Brennholzversorgung („Küchenflöße“). Insgesamt 13 Floßteiche, auch an den Nebenbächen, ermöglichten die Holzschwemme. Floßknechte mit ihren langen Floßhaken hatten dabei die Verkeilung der Kurzhölzer zu verhindern. Daher waren die Flussufer fast baumfrei gehalten und mit Laufwegen versehen. Neben den Floßteichen sind Floßplätze entlang der Schwarza letzte Zeugen für diese Art der Holzbringung. Schon der kleine Quellbach hatte nach 1200 m Fließlänge in etwa 640 m NN den großen Floßteich bei Scheibe-Alsbach zu stauen. Übrigens liegt heute in diesem Bereich die 1937–44 gebaute Trinkwassertalsperre. Im 16. und 18. Jh. wurde Flößerei besonders intensiv organisiert. 1720 flößte Schwarzburg-Rudolstadt 14422 Klafter, das entspricht rund 40800 m^2 Brennholz. Der Flößgewinn betrug 12946 Reichstaler. Von 1730–1754 schwammen jährlich 30-50000 Klafter Scheitholz die Schwarza hinab zur Saale. Diese ungeheure Menge von etwa 85000 bis 141600 m^2 überstieg den jährlichen Zuwachs der Waldungen um das Dreifache. Zusätzlich mussten noch Glashütten, Eisenhämmer und -hütten im Schwarzatal selbst mit Holzkohle und Brennholz versorgt werden. 1873 ließ die fürstliche Regierung die Flößerei auf der Schwarza einstellen.

Danach überqueren wir die Steinbrücke und wandern auf dem Uferweg der Schwarza, dem Wassersteig, flussaufwärts. Wenige Schritte hinter der ersten Flussbiegung hat sich der Ottmannsgraben, welcher zu Nasszeiten in Kaskaden den Berghang tosend herabstürzt, eine romantische Schlucht geschaffen, die mit der Mündung endet. Die Waldbilder bergseitig der Schwarza wechseln in bunter

Abfolge, bis rechts ein „Goldwegweiser" zum Ufer zeigt. Hier hat die Schwarza kammartige Quarzstufen im Flussbett freigelegt. An den Grenzflächen der Quarzgänge zum Phycodenschiefer haben sich durch vulkanische Vorgänge dünne Goldfilme abgesetzt – die Grundlage für Goldgewinnung im Schwarzatal. Weiter auf dem Wassersteig treffen wir auf eine Schutzhütte mit ihrer Bankgruppe, die zur Zwischenrast einlädt. In der Nachbarschaft mündet der Viehruhbach in die Schwarza, darauf säumt der Steckelberg mit seiner Steilflanke die Wanderung. Mehrere Felsrippen quer zur Strömung bilden kleine Stromschnellen. Kurz vor Schwarzburg tauchen der neu entstehende forstbotanische Garten, der Friedhof, das Pegelhaus und darauf der Sportplatz auf. Wir benutzen den Holzsteg zum Uferwechsel und befinden uns in der Brückengasse. Neben einigen kleineren Wohnhäusern fallen das Pensionshaus „Friedrichsthal" und die Gebäude des Sägewerkes auf. Das jetzige Sägewerk ging aus einem Eisenhammer hervor, der von 1421 bis 1847 bestand. Wir überqueren die Hauptstraße nach rechts und gehen zwischen dem derzeitig geschlossenen Hotel „Schwarzburger Hof" und dem Kultursaal die schmale Straße Am Schlossberg bis zum gleichnamigen Hotel, biegen hier nach rechts und gehen geradeaus in den lichten Hangwald hinein, um über Treppen zum Olitätengarten zu gelangen. Der Förderverein Schloss Schwarzburg hat hier an den Schlossterrassen zwischen den Grundmauern des Zinsbodens, wo früher der Zehnt abzuliefern war, einen Kräuterschaugarten angelegt, um an die lange Tradition der Herstellung von Naturheilmitteln in hiesiger Gegend zu erinnern. Oben auf der Zugangsstraße zu Schloss und Kaisersaal genießen wir die Waldlandschaft rund um Schwarzburg noch einmal, können uns der interessanten Geschichte der „Swarzinburg", sowie der Unterzeichnung der Weimarer Verfassung widmen (s. Wanderung Nr. 1). Die steinernen Geschichtszeugen stoßen hier auf engem Raum zusammen. Der Abschluss der Wanderung führt über das Rondell an Zollhaus und früherem Forsthaus vorbei die Landstraße nach Allendorf hinauf. Das unübersichtliche Kurvenstück ist unter großer Vorsicht auf der linken Seite zu begehen, erst hinter der Kurve wechseln wir die Straßenseite, um über den schmalen Fußweg zum hochgelegenen Bahnhof Schwarzburg zu gelangen.

WANDERUNG NR. 3

„Von den Bergen zu den Hügeln"

Wegeverlauf: HP Bechstedt – Fasanerie – Bismarckturm – Blambach und Hädderbach – Bf. Sitzendorf-Unterweißbach
Charakter: Streckenwanderung, wenig anstrengend, Trittsicherheit erforderlich, besondere Bäume und schöne Aussichten.
Für Kinder ab 6 Jahren geeignet.

Wanderstrecke:	8,3 km
Anstiege:	255 m
Abstiege:	341 m
Höchster Punkt:	496 m
Niedrigster Punkt:	309 m
Kalorienverbrauch:	ca. 700 kcal

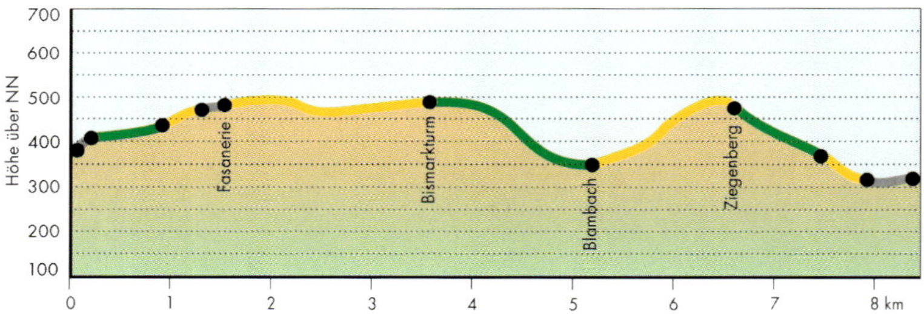

TIPP: Leistungsstarken Wanderern wird empfohlen, die Wanderung 3 mit der Wanderung 9 zu verbinden (15,7 km mit 567 m Anstieg). Ab Hädderbach (wir erreichen das Hädderbachtal fast am Schluss dieser Wanderung) folgen wir dann der Beschreibung vom Weg Nr. 10).

Wegbeschreibung: Wir verlassen die Schwarzatalbahn am HP Bechstedt, gehen aber nicht in Richtung Bechstedt, sondern die Landstraße ca. 100 m bergan, um dann links auf einen ansteigenden Wiesenweg zum Waldrand zu gelangen. Vor uns in einer Senke liegt Allendorf mit seiner Dorfkirche und dahinter die Barigauer Höhe mit ihrem herrlichen Rundblick über das Olitätenland. Wir folgen dem Wanderzeichen gelber Querstrich am Waldrand entlang, vorbei an einer kleinen Schutzhütte und erreichen nach ca. 900 m die Gebäude eines Schießstandes. Weiter ansteigend, gelangen wir über eine Wiese am Hauptwegweiser „Gatterloh" an die Überreste der Begrenzungsmauer der ehemaligen Fasanerie, deren beliebte Ausflugsgaststätte leider nach der Wende geschlossen wurde.

TIPP: Ein Besuch des Geländes der Fasanerie lohnt sich aber trotzdem, da hier ein Unternehmen für Reittouristik verschie-

Buchenberg
456
Schindanger
Bechstedt
Im Tal
Heiliger Berg
377
Orts-straße
HP Bechstedt-Trippstein
Wolfstal
Kalkberg
472
Allendorf
Hinterm Dorf
Am Hohlweg
Tännichwiesen
Gatterloh
Obere Flaschenwiese
Fasanerie
Kandelaberfichte
Sonnewalde
Beerberg
H.-Cotta-Weg
Roderberg
502
Dissauer Wildgatter
Beerberg
Modellflugplatz
Dissauer Tor
Rabenhügel
506
Dissau
Sommerberg
493
Pestweg
Blambachtal
Blambach
Schlangenbuche
Bismarckturm
An der Klinke
Ziegenberg
497
Semmelpeter
An der Borg
Kuhstall
Goldwanderweg
Krummet
Haupt-
Brücken-
E3
Massenmühle
Kniebreche
Annafels
Sitzendorf
Schau ins Land
Bf. Sitzendorf-Unterweißbach
Vorderer Alter Berg
Alter Berg
400
425
500
0
500
1000 m

denste Angebote bereit hält und auch andere Haustiere unsere Kinder zum Beobachten und u.U. zum Streicheln einladen.

An der Fasanerie treffen wir auf den Naturlehrpfad „Heinrich-Cotta" dessen Markierung uns in Folge ein gutes Stück begleiten wird. Wir folgen der Mauer der Fasanerie zuerst in südöstliche, dann in südwestliche Richtung und kommen so in eine „Lindenallee", die mit ihren über 300-jährigen Linden beeindruckend ist. Am Ende einer Streuobstwiese, die sich hinter den Linden auf der linken Seite befindet, lohnt es sich den links abgehenden Weg ca. 50 m zu folgen, da man hier die „Kandelaberfichte" bewundern kann, einen großen Baum, der mit mehreren Kronenästen einem riesigen Kerzenhalter gleicht. Nach der Besichtigung setzen wir unseren Weg entlang der Begrenzungsmauer der Fasanerie fort und gelangen zu einer Landstraße, die von Schwarzburg über Allendorf zur B 88 führt. Wir überqueren sie am Hauptwegweiser „Dissauer Tor" und am Waldrand wandern wir weiter, indem wir der Wegweisung Bismarckturm folgen. Am Hauptwegweiser „Dissau" biegt unser „Cotta-Weg" links in den Wald ab und kurze Zeit später, nachdem wir einen Antennemast passiert haben, erreichen wir den Bismarckturm, der 1995 als Aussichtspunkt restauriert wurde. Die Besteigung des Turmes ist wegen des beeindruckenden Ausblicks sehr zu empfehlen.

Bismarckturm: Auf einer Felsnase am Sommerberg durch den Thüringer Waldverein 1895/96 errichtet, 1995 erneuert, mit Blick in das hier breite Auetal der Schwarza mit dem Urlaubsort Sitzendorf. Gegenüber zwischen Quittelsberg (709 m NN) und Schabsheide (um 550 m NN) das steilwandige Sorbitztal, geschaffen von einem rechten Zufluss der Schwarza.

Dem Abstieg vom Turm folgt ein Abstieg vom Berg in Richtung Sitzendorf. Zuerst führt uns ein schmaler Pfad in kurzen Serpentinen steil abwärts, dann leicht fallend bzw. im Wechsel von auf und ab in östliche Richtung zum Rand des ehemaligen Rotwildgatters der Fürsten von Schwarzburg am Sommerberg. Mauerreste zeugen davon, dass sich die Fürsten ihr Jagdvergnügen einiges kosten ließen. An der Schutzhütte „Am Sommerberg" vorbei, wo es sich bei einem schönen Ausblick auf Sitzendorf gut rasten lässt, geht es auf dem ehemaligen „Leichenweg" an der Schlangenbuche vorbei ins in das Schwarzatal einmündende Quertal des Blambaches.

Die Bezeichnung **„Leichenweg"** erinnert daran, dass die Sitzendorfer bis 1870 keinen eigenen Friedhof hatten und ihre Verstorbenen über den Berg nach Allendorf karren mussten, um sie christlich zu bestatten.

Schlangenbuche: Ursprünglich als Einzelbaum am Feldrand breitkronig aufgewachsen, hat die Bodenerosion, ausgelöst durch Niederschläge und Schmelzwasser, einen Hohlweg ausgespült und dadurch den Wurzelstock des Baumes langsam freigelegt. Die Wurzelstränge bedecken wie Schlangen den Wuchsraum der Rotbuche.

Den Blambach erreichen wir am Hauptwegweiser 72. Bis hierhin sind wir 5 km gewandert und wir können hier entscheiden, ob wir unseren Weg weiter in Richtung Bahnhof Sitzendorf-Unterweißbach fortsetzen oder aber vorher noch die Sehenswürdigkeiten von Sitzendorf kennen lernen möchten.

TIPP: Um nach Sitzendorf zu gelangen, folgen wir die wenigen Meter den Blambach abwärts, unterqueren die Bahnschienen der Schwarzatalbahn und betreten den staatlich anerkannten Erholungsort direkt an seiner romantisch am Berghang gelegenen Bergkirche. Die hier beginnende Straße führt uns zum „Semmelpeter" unmittelbar an der Sitzendorfer Porzellan-Manufaktur und dem Regionalmuseum. Auf dem Weg durch den Ort zum Bahnhof Sitzendorf-Unterweißbach kommt man auch noch am Sitzendorfer Bauernmuseum vorbei, in welchem man sich über landwirtschaftliche Geräte und die Lebensweise der Landbevölkerung informieren kann.

Wer die Wanderung jedoch fortsetzen möchte überschreitet auf der den Bach aufwärts folgenden Betonbrücke den Blambach und folgt nun der Wegweisung Barigauer Turm bzw. Oberhain. Ein Wirtschaftsweg führt aufwärts bis zu einer Kurve um einen kleinen Felsen, auf dem sich eine Bank befindet. Hier am Hauptwegweiser 157 folgen wir der Wegweisung „Hädderbachtal". Wieder geht es einen gepflegten Wirtschaftsweg aufwärts und wir entdecken wieder die Tanne der Wegemarkierung des „Cotta-Weges". Am Hauptwegweiser 158 weist uns der Wegweiser „Hädderbachtal" nach links und, leicht aufwärts steigend, gelangen wir zu einer Schutzhütte auf einem kleinen Bergrücken am Hauptwegweiser „Ziegenberg". Die Wegweisung „Hädderbachtal" weist nun leicht abwärts, an einer Weggabelung halten wir uns links und kommen

Blick ins Sorbitztal

auf so einen Pfad, der abwärts den Hang querend zum Hädderbach führt. Der Pfad verbreitert sich zu einem Wirtschaftsweg, bevor wir das Bächlein erreichen. Nach der Überquerung des Baches gehen wir auf der anderen Bachseite ca. 50 m Bach abwärts, bis uns wieder ein Übergang auf die andere Bachseite führt.

Wir folgen den Bach abwärts, erreichen die Landstraße, die von Sitzendorf aufwärts durch das Schwarzatal führt, fast direkt gegenüber dem Bahnhof. Um diesen zu erreichen, müssen wir der Landstraße ca. 400 m der Schwarza aufwärts folgen, bevor wir die Brücke über die Schwarza erreichen und anschließend die Bahnschienen queren. Achtung! Die Landstraße ist zeitweilig stark befahren! Nach den Bahnschienen geht es sofort nach links und der Bf. Sitzendorf-Unterweißbach mit seiner gepflegten Gastsstätte ist erreicht.

WANDERUNG NR. 4

„Wer hat dich, du schöner Wald ...“

Wegeverlauf: Bf. Schwarzburg – Fasanerie – Trippstein – Schweizer Haus – Cordobang – Böhlscheiben – Fürstenstand – Griesbachfelsen – Bf. Bad Blankenburg
Charakter: Streckenwanderung mit wechselndem Profil, Trittsicherheit auf den schmalen Waldsteigen erforderlich, besonders der Steilabstieg vom Griesbachfelsen erfordert volle Konzentration. Herrliche Ausblicke in das Schwarzatal und auf die umliegenden Höhen des Thüringer Schiefergebirges. Für sportliche Wanderer geeignet.

Wanderstrecke:	15,5 km
Anstiege:	394 m
Abstiege:	561 m
Höchster Punkt:	485 m
Niedrigster Punkt:	220 m
Kalorienverbrauch:	ca. 1250 kcal
Gastronomie:	Gaststätten in Schwarzburg, Cordobang, Böhlscheiben und Bad Blankenburg

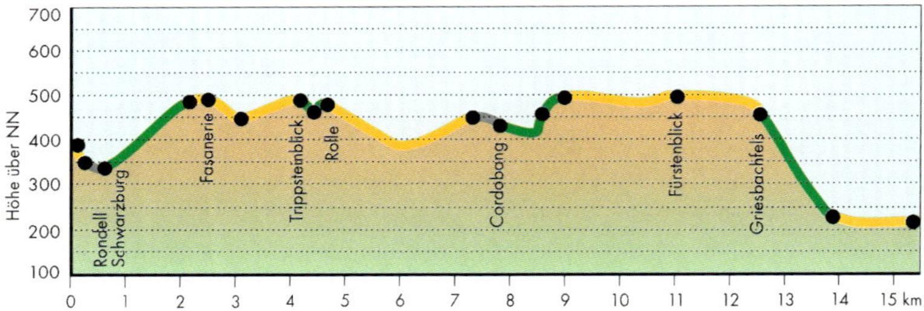

Wegebeschreibung: Die schmucken Triebwagen der Schwarzatalbahn bringen uns zum Bahnhof Schwarzburg. Auf dem Vorplatz des Bahnhofgebäudes bietet sich eine beeindruckende Sicht zur Ruine des früheren Jagdschlosses der Fürsten von Schwarzburg-Rudolstadt, eingerahmt von den bewaldeten Höhen der Keilsburg (648 m) und des Quittelsberges (709 m) zur Rechten, der Schabsheide (um 550 m) und des Keils (677 m) im Hintergrund sowie der hochgelegenen Feldflur von Burkersdorf (um 600 m) zur Linken.

Bahnhof Schwarzburg: Als repräsentativer Empfangsbahnhof zur Streckeneröffnung 1900 fertiggestellt, ist das Bahnhofsgebäude ein Schmuckstück an der Schwarzatalbahn. Wie ein Märchenschlösschen mutet das am Südhang des Tännichs gelegene Kleinod an. Der Bahnhof besaß eine Festhalle zur Begrüßung der Gäste des Fürstenhauses Schwarzburg-Rudolstadt, welche nach der Novemberrevolution viele Jahrzehnte eine beliebte Gaststätte für Urlauber war. Heute befindet sich eine Ausstellung zur Geschichte der Schwarzatalbahn in der Halle, die nach Anmeldung be-

BAD BLANKENBURG
Silberberg
520
Böhl-scheiben
Goldberg
Beulwitz-denkmal
Wendelstein
Chrysopras
Hasselborn
Ingoklippe
Griesbach-felsen
Teufels-treppe
H.-Cotta-Weg
Katzenstein
Schwarzer Weg
Jägersteig
Schwindelweg
Lichte-stollen
Hainberg
583
Lerchen-hügel
Ober-wirbach
Mühlleite
Napoleon-sitz
Schwarzer Berg
576
Braunsdorfer Werre
Treben-kopf
623
Brandhügel
Unteraue
Hirschberg
593
597
Dittersdorfer Werre
Werre
Elisabeth-felsen
485
Hunnen-kuppe
Eberstein
Kirch-felsen
Fürstenstand
NSG Schwarzatal
Bergwanderweg EB
Kalte Dorf
Breite Leite
Wüstung Völkersdorf
Dittersdorf
571
Höhe
Dittersdorfer
Naturschutz-station "Dr. Steuer"
Thüringer Porzellanstraße
Ebene
512
Pabst-felsen
Badestube
In der Klinge
Auf der Großen Löwe
Bergwanderweg EB
339
Potsdamer Platz
Dürres Schild
Ottmannsgr.
Chaiseweg
Viehruh
Hammerschmiede-holz
Schweizer-haus
Pratschberg
Buchborn
Cordobang
Muckel
Tobegraben
Schwarzatal
Eisenbühl
Halbe Welt
Fröbitz
471
Kienberg
526
Rolle
H.-Cotta-Weg
Fuchsloch
Suppen-schüssel
Ochsengrund
Tannenstock
Trippstein
505
Lagerstedt
Steinerne Bank
Schwarzburg
Helenen-sitz
Hirsch-tränke
Schwarza
Untere Flaschen-wiese
Obere Flaschen-wiese
Bechstedter
Tännichwiesen
Tännich
Bf. Schwarzburg
Am Sprung
Kandelaber-fichte
Sonnewalde
Roderberg
502
Fasanerie
Wolfstal
Bechstedt
Hinterer Angerweg
424
Buchenberg
456
Kessel-berg
405
Schindanger
Lindig
Munktal
Langes Tal
Kalkgraben
Holztal
Kühnberg
376
Reha-Klinik
Landes-sportschule
E3
0
500
1000 m

sichtigt werden kann. Auf dem Bahnhofsvorplatz fällt eine Schilderreihe auf. Hier sind alle Bahnhöfe und Haltepunkte der Schwarzatalbahn mit Entfernung und Höhe angegeben. Die Oberweißbacher Bergbahn ist ab Obstfelderschmiede nach Cursdorf ebenfalls mit entsprechenden Tafeln dargestellt. Eine benachbarte Aussichtsplattform bietet ein beeindruckendes Landschaftsbild des Schwarzatales.

Nach links führt ein schmaler Fußweg vom Bahnhof zur Landstraße Allendorf – Schwarzburg hinunter. Das unübersichtliche Kurvenstück der Straße ist bergab unter größter Vorsicht auf der rechten Straßenseite zu begehen. Nach 0,6 km taucht vor uns das Rondell des Oberen Ortes von Schwarzburg auf. Ehemals die Gebäude der Försterei, des Zollhauses (Neobarock 1883), der Post, der Tiergartenverwaltung und das Hotel „Weißer Hirsch" umstehen den „Schwarzburger Kreisel". Zwischen dem früheren Forsthaus und dem Zollhaus geht es nun am Hauptwegweiser „Am Forsthaus" vorbei den Waldweg nach Bechstedt wenige Schritte entlang, um dann einen schmalen Steilpfad scharf links aufwärts zu folgen. Gleich oberhalb des Forsthauses lässt sich die Landschaft erneut bewundern. Der Pfad überquert die Bahnlinie, steigt weiter bergan und bietet nun einen Blick in das Untere Schwarzatal. Darauf wendet sich der Weg nach links, führt durch ständig wechselnde Waldbilder zur Fasanerie. An der Fasaneriemauer treffen wir auf den Naturlehrpfad „Heinrich Cotta" (Markierung grüne Fichte im weißen Feld), dem nach rechts zu folgen ist.

Heinrich Cotta (1763 – 1844):
Bedeutender Forstmann in Thüringen und Sachsen. Forstklassiker mit ungeheurem Lebenswerk in Lehre, Forschung und Praxis. Nach Studium von Natur- und Kameralwissenschaften 1784/85 in Jena, begründet er mit Genehmigung von Herzog Carl-August 1795 im Jagdschloss Zillbach (heute Landkreis Schmalkalden-Meiningen) eine Forstlehranstalt. 1811 siedelt er nach Tharandt bei Dresden über, gründet dort eine Forstvermessungsanstalt, die 1816 zur Königlich sächsischen Forstlehranstalt erhoben wird und unter seiner Leitung Weltruhm erringt. Seit 1929 gehört diese Ausbildungsstätte zur TH Dresden, heute Forstwirtschaftliche Fakultät der TU Dresden.

Mit einem kleinen Abstecher von etwa 50 m wiederum nach rechts kann die imposante „Kandelaberfichte" bestaunt werden. Zurück auf dem Heinrich-Cotta-Lehrpfad, geht es die Lindenallee in nordöstlicher Richtung entlang. Die Linden sind wahrscheinlich mit dem Bau der Fasanerie um 1715 gepflanzt worden. Nach 2,7 km Wanderstrecke stehen wir am Parkplatz vor der Fasanerie.

Fasanerie bei Schwarzburg: Der ummauerte, etwa 10 ha große barocke Fasanengarten wurde 1715 angelegt. Die Fasanenzucht sollte den Bedarf der Hofküche decken. Das Wohnhaus des Fasanenwärters ließ Fürst Friedrich Günther 1820 zu einem Jagdschlösschen umbauen. Der diensttuende Förster erhielt 1840 Schankerlaubnis. Es erfolgte eine Entwicklung zu einer sehr berühmten Ausfluggaststätte, die bis 1990 in Betrieb war.

Wir steigen den Weg 0,3 km rechts hinab durch eine Streuobstwiese zur Brücke über die Bahnlinie. Der Schienenstrang

Blick vom Bahnhof Schwarzburg auf die Schlossruine

der Schwarzatalbahn erreicht hier im „Brechpunkt" von 426 m NN den höchsten Teil der Trasse. Der Endbahnhof in Katzhütte weist „nur" 416 Höhenmeter auf.
Hinter der Brücke treffen wir auf den Bechstedter Weg, dem wir nach links einige Schritte folgen, um uns am Hauptwegweiser „Bechstedter Tor" nach rechts auf die Forststraße zum Nachbarort Cordobang zu wenden. Das Bechstedter Tor markiert hier einen ehemaligen Eingang zum fürstlichen Jagdgatter.

Fürstlicher Tiergarten: Als Wildgehege unterhalb der Schwarzburg 1453 erstmals erwähnt. Schon nach dem Dreißigjährigen Krieg ausgebaut, erfuhr das Jagdgatter 1835 eine wesentliche Erweiterung durch Umsiedlung des Rotwildes aus dem aufgegebenen Tiergarten bei Katzhütte. Bis etwa 1.300 ha groß und dauerhaft hoch umzäunt, enthielt die Jagdanlage etwa 300 Stück Rotwild und einen Grundbestand von 80 Stück Schwarzwild im Saugatter rund um den Eberstein. Nach Abdankung des letzten Fürsten Günther Viktor (nach der Novemberrevolution 1918) wurde das Jagdgebiet vom Thüringer Forstamt Schwarzburg bis 1945 verpachtet. Nach dem Zweiten Weltkrieg riss man das Jagdgatter ab.

Am Tannenstock zweigt nun der Lehrpfad nach rechts von der Waldstraße ab und führt leicht ansteigend zum Trippsteinhäuschen (475 m NN). Jeder Wanderer ist gefesselt von dem Panorama rund um Schwarzburg. Der Gebirgsfluss Schwarza hat mit einer imposanten Mäanderschlinge eine zauberhafte Tallandschaft in das Schiefergebirge modelliert. Der vom ehemaligen Jagdschloss gekrönte Bergsporn erhebt sich majestätisch über den malerischen Urlaubsort Schwarzburg. Diese Landschaft begeisterte nach den Befreiungskriegen 1815 Studenten aus Jena so nachdrücklich, dass über Wort und Schrift ihre wildromantische Schönheit weit über Thüringens Grenzen bekannt wurde. Maler der Romantik trugen mit ihren Stichen und Bildern wesentlich zum Bekanntheitsgrad des Trippsteinblicks im Schwarzatal lange vor dem Zeitalter der Fotografie bei.

Nur 0,2 km weiter taucht die „Suppenschüssel" auf. Ein schlichter Gedenkstein erinnert an einen bevorzugten Rastplatz der Jenenser Studenten, einstmals auch mit gerühmter Aussicht über das Schiefergebirge. Von hier schlängelt sich ein schmaler Steig durch Jungwald von Fichte und Kiefer über Holzschleifwege und Wasserrinnen, bis nach 0,5 km die „Rolle" erreicht wird. Wiederum tut sich ein herrlicher Blick in das Schwarzatal auf, eine Schutzhütte lädt zur Rast. Der Lehrpfad führt nun entlang eines Holztransportweges 1,0 km langsam bergab bis zum Wegschild Nr. 156, wo nach links abzubiegen ist. Im weiten Rechtsbogen treffen wir nach 0,3 km auf das Lehrpfadschild Nr. 155.

TIPP: Ein steiler Abstieg rechts hinunter bringt uns den Tobegraben entlang nach 0,6 km zur Gaststätte „Schweizer Haus" am Ufer der Schwarza. In diesem Haus voller Geschichte und Geschichten kann gerastet werden. Die Bushaltestelle ermöglicht Weiterfahrten nach Bad Blankenburg oder in Gegenrichtung zurück nach Schwarzburg und weiter nach Sitzendorf, Meura oder Katzhütte und Neuhaus.

Will man die Wanderung allerdings wie beschrieben fortsetzen, muss man nach dem Besuch des Schweizer Hauses wieder hinauf zum Hauptwegweiser mit der Nr. 155 aufsteigen.

Wieder den Tobegraben hinaufgestiegen, wird der weitere Streckenabschnitt über das Lehrpfadschild Nr. 155 nach rechts Richtung Cordobang begangen. Birken säumen den Weg durch Jungwald aus Kiefer und Fichte auf 0,4 km, dann taucht die Schießhüttenwiese auf. Diese Bergwiese mit ihrer früheren Jagdhütte und den Fütterungen war eine wichtige Anlage im fürstlichen Jagdgatter, sie dient heute noch zum Jagdansitz. Von der Schießhüttenwiese führt der Waldweg stetig bergauf durch unterschiedlich strukturierte Nadelholzbestände, bis nach etwa 1,0 km der Waldrand erreicht wird. Hier beginnt die Dorfflur von Cordobang mit ihren Wiesen und Äckern. Oben, fast am Wegschild des Straßendreiecks, lohnt ein Blick zurück auf den Gegenhang des Schwarzatals mit seinen abwechselungsreichen Waldbeständen und den tief einschneidenden Bergwiesen des Tauben-borns und Nässelts auf der anderen Seite des Gebirgsflusses. Im Dorf zweigt ein Wiesenweg nach rechts von der Straße ab, erreicht den Waldrand und läuft als Waldweg über die „Große Löwe" zur Wald-Feldgrenze von Böhlscheiben. Wochenendhäuser am Waldrand markieren den Ortsrand der durch Bergleute entstandenen Siedlung. Auch hier grenzt in der Dorfgemarkung ordovizischer Schiefer an Zechstein (Silberberg 521 m ü. NN). Kupfer- und Silberflöze des Zechsteins haben den Ort entstehen lassen.

Vom Feuerlöschteich in der Dorfmitte geht unsere Wanderung über den Landgasthof „Schützenhaus" weiter auf dem Heinrich-Cotta-Lehrpfad zum Waldrand.

Blick vom Trippstein auf Schwarzburg im Nebel

TIPP: Lohnenswert ist ein Besuch der Naturschutzstation „Dr. Helmut Steuer“ in den ehemaligen Schieferbrüchen von Böhlscheiben tief unten im Schwarzatal. Die Station ist auf einem schmalen Pfad, der etwas versteckt von der Dorfstraße nach rechts hangabwärts läuft, erreichbar. Bei einer Entfernung von 0,8 km ist der steile Abstieg mit fast 200 Höhenmetern zu meistern. Damit ist eine sehr hohe zusätzliche Belastung verbunden, denn ein Abstieg bis ganz hinunter ins Schwarzatal und die Fortsetzung der Wanderung am Schwarzaufer kann nicht empfohlen werden, da dies über die stark befahrene Landstraße erfolgen müsste, was nicht nur kein Vergnügen bereitet, sondern darüber hinaus noch eine Gefährdung bedeuten würde. Mann muss also wieder nach Böhlscheiben aufsteigen und die Wanderung, wie beschrieben, fortsetzen.

Nach Stärkung im Landgasthaus „Zum Schützen“ ist der Fürstenstand das nächste Streckenziel. Kurz nach Eintritt in den Wald weist das Wegschild „Am Holzplatz“ die Richtung nach rechts und zeigt die Strecke mit 0,4 km an. Der Pfad umschlägt den Jagdstand auf dem 485 m hohen Bergsporn, dem höchsten Punkt der Wanderung, und bringt uns nach 0,3 km auf den Hangkantenweg zurück, der durch Kiefern- und Fichtenstangenhölzer gesäumt ist. Über das Wegschild „Obere Nassschleife“ wird nach etwa 0,2 km die Teufelstreppe erreicht. Sieben markante Felsstufen von der Talsohle der Schwarza bis hinauf zum Oberhang gaben den Namen. Die weitere Wanderung von 0,8 km zum Griesbachfelsen führt an einem bergwärts wachsenden Stangenholz aus Roteiche, einer nordamerikanischen Baumart mit spitzgezackten Blättern, vorbei bis zu einer Weggabelung. Die rechte Ab-zweigung bringt uns nach 0,4 km zum Griesbachfelsen.

Ein überwältigender Blick ins Schwarzatal und zum Gegenhang mit Eberstein und Hünenkuppe (485 m NN) belohnt die bisherige Wanderung. Die kahle Gesteinsklippe aus Phycodenschiefer wird von Felsgebüsch gesäumt. Felsenbirne, Pfingstnelke und Stengelloser Knäuel als Charakterpflanzen zeigen Wärme und Trockenheit infolge hoher Sonneneinstrahlung an. Einer der ersten Urlauber von Blankenburg, der Theologieprofessor Johann Jakob Griesbach (1745 – 1812), welcher in Jena von 1775 bis zu seinem Tode lehrte, hat dem Felsen den Namen gegeben.

Ein steiler Abstieg auf schmalem Serpentinenpfad mit einer Gesamtlänge von 1,6 km ist zu bewältigen. Dabei wird ein ehemaliger Eichenniederwald, typisch für diese Südhanglage, durchstiegen. Nach etwa 1,1 km quert der Wanderpfad einen Taleinschnitt, in dem zeitweilig ein Bächlein rinnt. Der hier stockende Mischwaldhorst ist von Feldahorn und Vogelkirsche geprägt und weist als dendrologische Kostbarkeit einige Elsbeeren auf. Felsgruppen kennzeichnen das Ende des Abstieges. Sie ermöglichen Ausblicke bis zum Saaletal. Über Treppenstufen erreichen wir die Landstraße Bad Blankenburg – Schwarzburg, gehen nach links stadteinwärts, wechseln an der Einmündung Georgstraße die Straßenseite und durchwandern die Parkanlagen am linken Schwarzaufer. An der zweiten Fußgängerbrücke setzen wir zum rechten Ufer der Schwarza über. Dort lockt die Antonius-Quelle mit gesundem Mineralwasser und ihrem Kneippbecken. Nach einer Erfrischung wird dem Weg durch den Park flussabwärts gefolgt, bis wir die Straße und kurz danach die Bahnlinie erreichen. Hinter den Bahnschranken sind es wenige Schritte nach rechts bis zum Zielbahnhof Bad Blankenburg an der Strecke Saalfeld – Erfurt.

Bad Blankenburg, 1267 erstmals urkundlich erwähnt und 1323 in einem Lehnbrief bereits als Stadt ausgewiesen, hat heute ca. 7.600 Einwohner und bildet gemeinsam mit seinen 8 Ortsteilen und den Städten Saalfeld und Rudolstadt das „Städtedreieck am Saalebogen". Bad Blankenburg gehört zu den bekanntesten und ältesten Kurorten in Thüringen, bereits 1840 wurde hier der Kurbetrieb mit der Inbetriebnahme einer Kaltwasser-Heilanstalt begonnen.

Seine geographische Lage zwischen Muschelkalk, Bundsandstein und Schiefer, in waldreicher Gegend am beginnenden Schwarzatal, seine ausgezeichneten klimatischen Bedingungen mit milden und regenarmen Klima, die Existenz der Landessportschule Thüringens mit ihren ausgezeichneten Sportanlagen und nicht zuletzt die unmittelbare Nähe zu den kulturellen Metropolen Rudolstadt und Saalfeld prädestinieren Bad Blankenburg dazu im Rahmen eines auf Gesundheit, Fitness und aktivem Erleben abgestimmten Tourismusangebot in Thüringen einen Spitzenplatz einzunehmen. Als Lavendelstadt, mit der Burg Greifenstein und den dort befindlichen Adler- und Falkenhof, mit dem Fröbelmuseum und dem 1. Kindergarten der Welt, mit seiner Heilquelle im Kurpark, mit seiner Stadthalle und den verschiedenen Ausflugszielen in den Ortsteilen hat die Stadt für Groß und Klein viel zu bieten, was einen Aufenthalt zu einem Erlebnis werden lassen kann.

Auch im Winter kann man mit der Bergbahn auf Tour gehen

WANDERUNG NR. 5

„Es blies ein Jäger wohl in sein Horn"

Wegeverlauf: Bf. Schwarzburg – Schwarzburg – Hirschtränke – Schweizer Haus – Eberstein – Dittersdorfer Höhe – Schwimmbad Schwarzburg – Kaisersaal – Bf. Schwarzburg
Charakter: Langer Rundwanderweg, Tagestour, sportlich anspruchsvoll, auf schmalen Steilpfaden Trittsicherheit erforderlich, nur für geübte Wanderer.

Wanderstrecke:	22,5 km
Anstiege:	626 m
Abstiege:	626 m
Höchster Punkt:	572 m
Niedrigster Punkt:	253 m
Kalorienverbrauch:	ca. 1.800 kcal
Gastronomie:	Gaststätten in Schwarzburg und Gaststätte „Schweizer Haus", Gaststätten in Dittersdorf mit kleinen Abstecher möglich

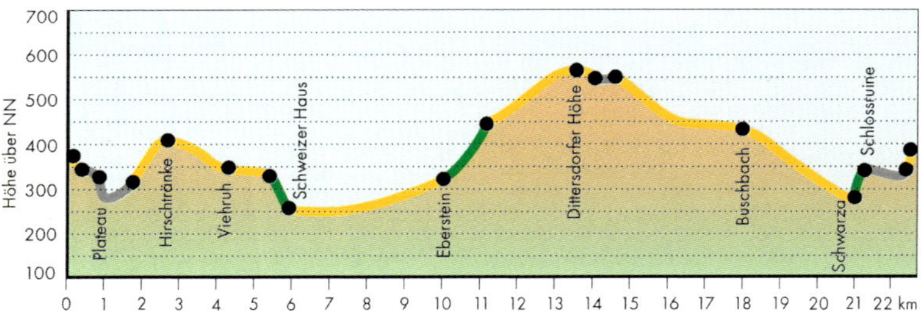

TIPP: Wer nur eine kurze Wanderung um Schwarzburg machen will (9 km und 293 m Anstieg), der biegt vor der Hirschtränke nicht nach links, sondern kurz danach nach rechts auf den Naturlehrpfad-Heinrich-Cotta ein und setzt die Wanderung, wie am Ende dieser Wegebeschreibung geschildert, fort.

Wegebeschreibung: Die bequemen Triebwagen der Schwarzatalbahn bringen uns zum wohl schönsten Bahnhof Thüringens – märchenhaft in seiner Architektur, meisterlich in eine bezaubernde Berglandschaft eingefügt. Das Bahnhofsgebäude (387 m NN) ist das höchstgelegene bewohnte Haus des Urlaubsortes Schwarzburg. Der Bahnhofsvorplatz mit seiner Aussichtsplattform bietet ein Anfangsbild zur Wanderung, das viele Erlebnismerkmale unserer Tagestour vorwegnimmt: Waldreichtum mit unterschiedlichen Bestandesstrukturen nach Alter und Mischung, Berghöhen, Steilhänge, Bachtäler, Hochebenen mit Dörfern und ihren Ackerfluren, Bergwiesen und einstige Jagd-

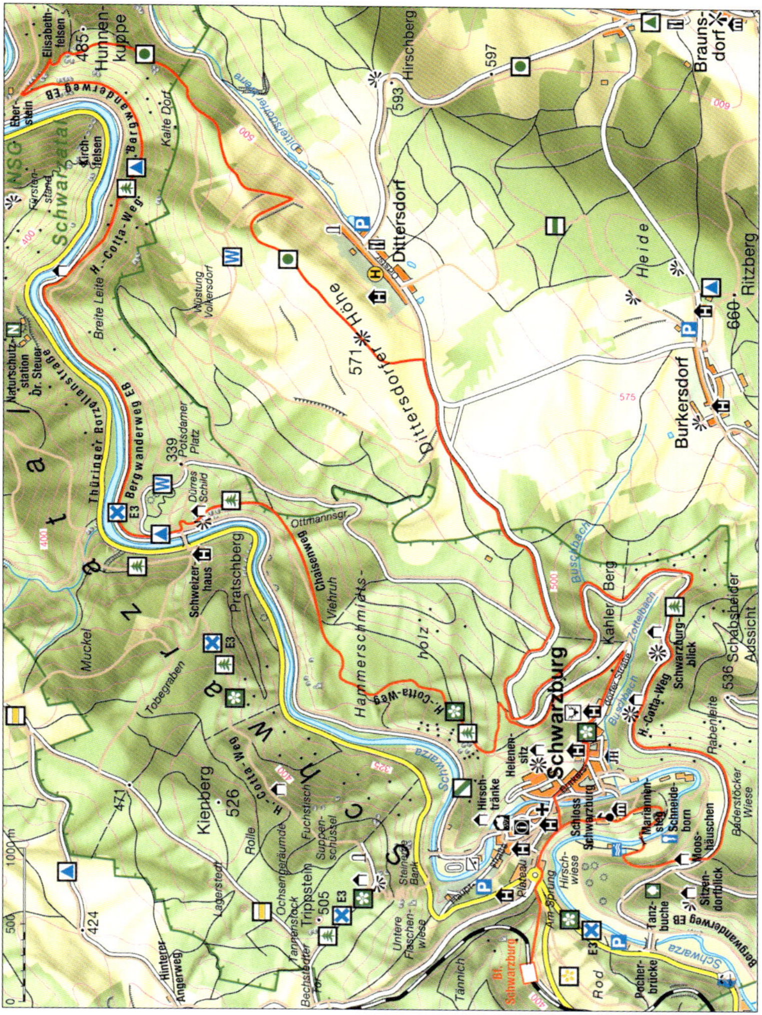

schlösser – eben das seit der Romantik bekannte und berühmte Schwarzatal.

Ein schmaler Fußweg führt vom Bahnhofsvorplatz nach links hinunter zur Landstraße Allendorf – Schwarzburg. Dieser Straße folgen wir ebenfalls nach links bergab. Das unübersichtliche Kurvenstück ist unter aufmerksamer Beachtung des Autoverkehrs auf der rechten Straßenseite zu begehen. Auch das nach 0,6 km auftauchende Rondell, an dem drei Landstraßen zusammentreffen, ist vorsichtig Richtung

Schloss zu queren. Die repräsentativen und wirtschaftlich bedeutsamen Gebäude an der Schlosszufahrt haben fast alle ihre ehemalige Funktion verloren. Forsthaus (1938), Zollhaus (Neobarock 1883), Post (1882), Haus des „fürstlichen Thiergärtners" (Oberaufseher des Jagdgatters im Schwarzatal) sowie Tankstelle sind heute Wohnhäuser in Privatbesitz. Nur das Hotel „Weißer Hirsch" empfängt – wie zur Bauzeit der Schwarzatalbahn vor 1900 auch schon – Urlauber und durchreisende Tagesgäste.

Wir benutzen die Zufahrtsstraße zum ehemaligen Jagdschloss etwa 100 m, kommen dabei am früheren Kurpark vorbei, in dem ein Gedenkstein an die Unterzeichnung der Weimarer Verfassung 1919 durch den Reichspräsidenten Friedrich Ebert hier in Schwarzburg erinnert. Nun biegen wir links in den steil abfallenden „Rinneweg" ein, der mit einem Rechtsbogen am Hotel „Schwarzaburg" vorbei hinunter an das Hotel „Zum Schloßberg" führt. Am Gegenhang liegen die Gebäude der Fachhochschule für Forstwirtschaft. Das Hotel wird nach rechts umgangen, wir erreichen den Brunnenplatz, überschreiten die Schwarzabrücke (275 m NN) und steigen die Burkersdorfer Straße hinauf. Auf „halber Höhe" trifft die Gartenstraße von rechts unten auf die Wanderstrecke. Hier, wo früher der „Fürstliche Thiergarten" begann, lohnt sich ein Blick zurück und ein zweiter zum einstigen Jagdschloss hinauf.

Alle weiteren Häuser bis zur Waldgrenze sind nach 1920, einige erst nach 1990 gebaut worden. Wir wandern 0,3 km das Buschbachtal hinauf, passieren die Lochwiese, bleiben auf der Straße, die sich in einer Kehre nach links bergauf windet und nun durch Wasserschäden immer schlechter wird. Der Berghang trägt hier in Südwestneigung Kiefern-Eichenwälder mit vielerlei Mischbaumarten. Am Hauptwegweiser Naturlehrpfad-Heinrich-Cotta biegen wir schräg links in einen Waldweg (Chaisenweg), den wir schon nach 35 m am Wegweiser „Hirschtränke" wiederum nach links auf einem schmalen Fußsteig verlassen.

Nach 0,1 km stehen wir an der Hirschtränke (415 m NN) und genießen die Sicht hinüber zur Schwarzburgruine mit den rahmenden Bergeshängen rund um den Schlossberg. Die Aussichtsplattform entstand 1923 auf der Abraumhalde eines aufgelassenen Dachschieferbruches, im gleichen Jahr wurde die dortige Quelle gefasst. Das Blockhaus bauten 1976 Forststudenten für Urlauber und zur eigenen Nutzung bei kleinen Festen. Auf dem weitergehenden Fußsteig gelangen wir wieder auf den Chaisenweg, kommen am Hauptwegweiser „Helenensitz" vorbei und wenden uns nach 0,1 km zu einem Abstecher nach links hinunter Richtung Schwarzatalblick. Hier liegt das Schwarzatal als Landschaftspanorama vor uns – tief unten der Gebirgsfluss, vom Ufergehölz fast verdeckt, linksseitig von einer Wiese gesäumt, bewaldete Steilhänge, so weit das Auge reicht. Es geht nun zurück zum Chaisenweg, dann vom Steckelberg ständig leicht bergab durch Fichten- und Buchenwald, manchmal mit Douglasien und Kiefern unterbrochen, zur Viehruh (355 m NN) mit ihrer Schutzhütte. Der jetzt wichtige Kreuzungspunkt von Holzabfuhrwegen erinnert an die früher notwendige Waldweide, die Jahrhunderte hindurch wesentliche Ernährungsgrundlage der Waldbewohner gewesen ist. Wir bleiben auf dem Chaisenweg, wandern weiter Richtung Potsdamer Platz, durch-

Das Jagdschlösschen Eberstein

queren die Bachschlucht von Ottmannsgraben und gelangen nach 1,1 km zum Abzweig „Dürres Schild", dem nach links zu folgen ist. Nach 0,2 km Abstieg steht eine Schutzhütte wie ein Balkon auf der fast vegetationslosen Felsklippe und bietet einen bezaubernden Blick auf das Schweizer Haus mit dem Einschnitt des Tobegrabens am Gegenhang. Steil führt der weitere Pfad hinunter, bis die Schwarzabrücke am Schweizer Haus erreicht ist. Hier haben wir uns eine Rast verdient.

Am rechten Ufer der Schwarza geht es darauf flussabwärts weiter. Nach 0,4 km ist zwischen Wanderweg und Schwarza ein alter Floßgraben zu entdecken, heute baumbewachsen. Dahinter an der Felseninsel befand sich über dem Gebirgsfluss bis zum 19. Jh. ein Floßrechen mit dem Rechensteg. Die am Floßrechen aufgefangenen Kurzhölzer der „Scheitholzflößerei" sortierten und vermaßen die Floßknechte auf dem benachbarten Floßplatz.

Naturschutzgebiet Unteres Schwarzatal: Seit 1941 mit einer damaligen Fläche von etwa 1750 ha eingerichtet. 1981 auf 600 ha reduziert, nimmt es die Hangbereiche rechts und links der Schwarza zwischen Schweizer Haus und Bad Blankenburg ein. Die zwei Totalschutzgebiete rund um den Eberstein (65 ha) und im Umfeld der ehemaligen Schieferbrüche an der Naturschutzstation „Dr. Helmut Steuer" (132 ha) umfassen charakteristische Waldgesellschaften in unterschiedlicher Exposition und Höhenlage im reliefintensiven Kerbtal. Unterhalb der Kirchfelsenbrücke, 1945 durch Sprengung zerstört, hat die Schwarza mit den Strudeltöpfen einzigartige geohydrologische Naturgebilde geschaffen. Durch tosendes Wasser werden Steine in Vertiefungen in kreisende Bewegungen versetzt und schaffen dadurch topfartige Hohlformen in Felsgestein. Die so entstandenen Strudeltöpfe sind für Thüringen einmalig.

Der Prallhang der Schwarza ist mit steingesetzten Ufermauern vor Seitenerosion geschützt. In den Spalten der Schieferblöcke findet die Wasseramsel, der Charaktervogel des Schwarzatales, gute Brutmöglichkeiten. Hin und wieder ist der braungefärbte Bewohner klarer Gebirgsbäche auf Steinen sitzend, dabei ständig knicksend, zu beobachten. Mit weißen Brustlatz und kurzem Stelzschwanz ist die Wasseramsel unverwechselbar mit der langschwänzigen, unterseits gelb gefärbten Gebirgsbachstelze im gleichen Brutbiotop. Nach 1,5 km Uferwegwanderung kommen wir zu einer Schutzhütte mit dem Hauptwegweiser Heinrich Cotta Nr. 149, dem dort rechts abzweigenden Weg zum Eberstein steigen wir 3,4 km hinauf. Anfangs sind Fichtenforsten und Buchenwaldungen in Nordhanglage wegbegleitend, dann an der Südwestflanke des Berghanges kündigen Eichenwälder den Eberstein an. Auf diesem Bergsporn ließ 1844 der jagdbesessene Fürst Friedrich Günther (1793 – 1814 – 1867) ein turmartiges Jagdschlösschen errichten.

Eberstein: Jagdschlösschen auf einem markanten Bergsporn des unteren Schwarzatales. Dem romantischen Zeitgeschmack folgend, 1844 im maurischen Ruinenstil erbaut. Wichtiges Jagdzentrum im „Saugarten", einem Sonderbereich für Schwarzwild innerhalb des fürstlichen Tiergartens mit wildschweinsicherer Umzäunung. Einen Grundbestand von 80 Sauen hatte der Wildhüter von Dittersdorf zu hegen, der Zuwachs von etwa 200 Stück kam jährlich zur Strecke. Die „Ebersteinfreunde" von Dittersdorf restaurierten die Anlage 1972-75, seitdem steht das historische Gebäude unter ihrer Pflege.

Vom Eberstein steigt ein Steilpfad in Serpentinen durch Eichenbestände zum Elisabethfelsen in 420 m NN mit seinem phantastischen Blick.

Elisabethfelsen: Felsgruppe in Steilhanglage oberhalb vom Eberstein mit überwältigendem Blick westwärts in das Schwarzatal. Für diesen romantisch gelegenen Aussichtspunkt war Prinzessin Elisabeth (1833–1896), Tochter des Fürsten Albert (1798–1867–1869), die Namenspatin.

Weiter aufwärts wenden wir uns am Hauptwegweiser Hunnenkuppe nach rechts Richtung Dittersdorf.

Hünen- oder Hunnenkuppe: Hochrücken (485 m NN) im unteren Schwarzatal nahe Bad Blankenburg mit kleiner keltischer Bergsiedlung (Oppidium) der La Tené-Zeit (Späte Eisenzeit). Ausgrabungen erbrachten Wall- und Mauerreste sowie Kupfer-/Silberschlacken.

Den Höhenweg entlang stoßen wir nach etwa 1,0 km auf die Feldflur von Dittersdorf und gelangen an den Hauptwegweiser „An der Eiche". Noch vor dem Dorf zweigt ein Feldweg nach rechts ab und bringt uns leicht ansteigend zur Dittersdorfer Höhe mit seinem Aussichtspavillon in 571 m NN. Im Norden liegen greifbar nahe die Dörfer Böhlscheiben und Cordobang mit ihren Feldfluren, der tiefe Einschnitt des Schwarzatales ist kaum zu ah-

Wappen am Kaisersaal

nen. Südlich der Höhe liegt Burkersdorf mit dem Keil (677 m NN) im Hintergrund, Dittersdorf selbst versteckt sich im Tal der Werre. In westlicher Richtung ist der Kickelhahn bei Ilmenau zu erkennen, bei guter Sicht links davon die höchsten Erhebungen des Thüringer Waldes, der Schneekopf (978 m NN) mit seinem neuerbauten Aussichtsturm und der flache Rücken des Großen Beerbergs (983 m NN). Der Abstieg hinunter zur Landstraße Burkersdorf – Dittersdorf ist schnell geschafft. Wer einkehren will, kann die Gaststätten in Dittersdorf aufsuchen, ansonsten führt unsere Wanderung auf der Asphaltstraße nach rechts. Am Straßendreieck gehen wir geradeaus weiter ein Stück durch die Feldflur auf der Ortsverbindungsstraße Burkersdorf – Schwarzburg und tauchen dann in die Waldungen ein. Zumeist Kiefernmischbestände mit größeren Fichtenanteilen säumen anfangs die Straße, die nun ständig an Höhe verliert und durch Wasserschäden immer schlechter wird. Die Waldbilder wechseln häufig, auch an Rotbuchenbeständen wandern wir vorbei, bis nach etwa 0,9 km rechts an der Straße eine alte Mülldeponie erreicht ist. Hier treffen wir wieder auf den Naturlehrpfad Heinrich Cotta, der Hauptwegweiser links der Straße weist uns in den Chaisenweg Richtung Pocherbrücke und Mooshäuschen. Je nach Hangneigung und Sonneneinstrahlung bilden Eichen, Kiefern, Fichten oder Rotbuchen die Waldbestockungen auf mehreren Wegekilometern. In der ersten Talschlucht rauscht der Buschbach hinunter nach Schwarzburg. Mehrere Baumriesen in Bachnähe, darunter auch Weißtannen, sind auf Informationstafeln mit ihren Wuchsleistungen vorgestellt. Am Waidmannsheil-Felsen, dann am Gedenkstein zum Chaisenwegbau von 1838 mit den eingemeißelten Initialen FG (Friedrich Günther v. Schwarzburg-Rudolstadt) vorbei, fließt nun der Zottelbach zu Tale. Wir bleiben auf dem Chaisenweg, passieren den dritten kleinen Gebirgsbach, den nicht immer wasserführenden Drachenzahl, und biegen auf dem Chaisenweg um eine Felsnase, die etwas oberhalb eine Steinbank, den Theklasitz, trägt, scharf nach links in den folgenden Berghang. Hin und wieder geben die Kronen der starken Rotbuchen einen Blick zum Schloss oder zum Bahnhof von Schwarzburg frei. Die hangseitig aufgestellten großen Schieferplatten sollten früher als „Leitplanken" das Abstürzen der Holzabfuhrgespanne und der Jagdkutschen verhindern. Dann breitet sich rechts vom Weg die Baderstöckerwiese aus. Bankgruppen und Informationstafeln zur Waldökologie laden zu einer Wanderpause. Etwa 0,3 km weiter gabelt sich am Hauptwegweiser Beetgarten der Chaisenweg. Wir folgen nach rechts, bis kurz darauf (Wegweiser links am Baum) ein schmaler Fußweg scharf rechts zum Mooshäuschen führt. Auf dem Hochsitz vor der Schutzhütte bietet sich ein schöner Blick zum Schlossberg und zur Wiese mit dem Freibad. Der schmale Hangweg nach links bringt uns hinunter zum Bad, dort nach rechts den Zaun entlang kommen wir zum Flussufer. Auf dem „Mariannensteg" überqueren wir die Schwarza und wandern linksseitig ein Stück flussabwärts bis zu einer Weggabelung. Hier halten wir uns nach links oben. Der Pfad wird schmaler und windet sich um den Sporn des Schlossberges, die Schwarza rauscht unten am Fuß der Felsenklippen. Auf der anderen Bergseite führt nun ein nicht ausgeschilderter Fußsteig die Südflanke des Schlossberges fast abenteuerlich hinauf. Wir gelangen durch alte Festungsgräben und über ehemalige Wallanlagen zur südlichsten Gebäudegruppe des Schlosskomplexes, dem einstigen Jägerhof mit seinen Remisen. Jetzt ist hier der Förderverein Schloss Schwarzburg beheimatet. Gleich dahinter steht der Kaisersaal inmitten seines rekonstruierten Gartenparterres. Das bis 1971, zur 900-Jahrfeier der Ersterwähnung der „swarzinburg", restaurierte schmucke Gebäude im „Bauernbarock" ist mit wechselnden Ausstellungen immer einen Besuch wert. Dagegen wartet das früher berühmte Barockschloss, seit dem verwerflichen Umbauversuch zu einem Reichsgästehof 1940-42 eine hässliche Ruine, schon Jahrzehnte auf Wiederherstellung und zweckmäßige Nutzung. Im ehemaligen Vorburggelände steht ebenso ruinenhaft das bis 1940 stark besuchte Zeughaus mit seinen beiden runden Ecktürmen.

Schwarzburger Zeughaus: Die sechs Jahrhunderte umfassende Militär- und Jagdwaffensammlung, erweitert durch viele Militäreffekten und Uniformen, fand ihre urkundliche Ersterwähnung 1453 als „Harnaschkammer" und führt seit 1584 auf Inventarlisten die Bezeichnung Zeughaus. Nach der Verleihung des Fürstentitels 1710 entstand aus dem Waffenlager eine prunkvolle Schausammlung. Der Direktor der Leibrüstkammer Stockholm, C. A. Ossbahr, hat 1894 die Zeughausbestände wissenschaftlich ausgewertet und mit 2735 Stück katalogisiert. Das Zeughaus wurde für Besucher freigegeben, ging 1923 mit seinen Beständen in das Eigentum des Landes Thüringen über und galt bis zur Auslagerung 1940 auf die Heidecksburg in Rudolstadt als Attraktion in ganz Deutschland. In den Museen auf

Wildschwein unterwegs

Schloss Heidecksburg sind nur wenige Ausstellungsstücke zu besichtigen, der größte Teil der 2700 Objekte ist dort magaziniert.

Am Brunnen vor dem abgerissenen Haupttor mit dem tiefen Halsgraben der einstigen Burg, steigen wir nach links die Schanze hinauf, um einen großen Teil unserer Tagesstrecke mit Augen und Gedanken nochmals abzuwandern und somit die gewonnenen Eindrücke zu verinnerlichen. Am Ende der Schlossterrasse mit dem Großbild von Friedrich Ebert laden die Restaurants zur Abschlussrast. Die Rundwanderung schließt ihre vielen Bögen am Rondell. Nun ist nur noch der kleine Anstieg zum Bahnhof zu bewältigen. Dabei muss die unübersichtliche Straßenkurve auf der linken Seite wieder mit großer Vorsicht begangen werden, bevor wir zum sicheren Fußsteig nach rechts wechseln können. Die Schwarzatalbahn bringt uns bald darauf in die andere Welt zurück.

WANDERUNG NR. 6

„Im Walde da wachsen die Beer'n"

Wegeverlauf: Bf. Schwarzburg – Pocherbrücke – Rohrbach – Meuraer Heide – Schieferbruchblick – Bf. Sitzendorf-Unterweißbach

Charakter: Streckenwanderung, anstrengend mit langem Aufstieg. Für den sportlichen Wanderer.

Wanderstrecke:	17,3 km
Anstiege:	445 m
Abstiege:	523 m
Höchster Punkt:	650 m
Niedrigster Punkt:	300 m
Kalorienverbrauch:	ca. 1.350 kcal
Gastronomie:	Gaststätten in Rohrbach, Bahnhofsgaststätte Bahnhof Sitzendorf-Unterweißbach

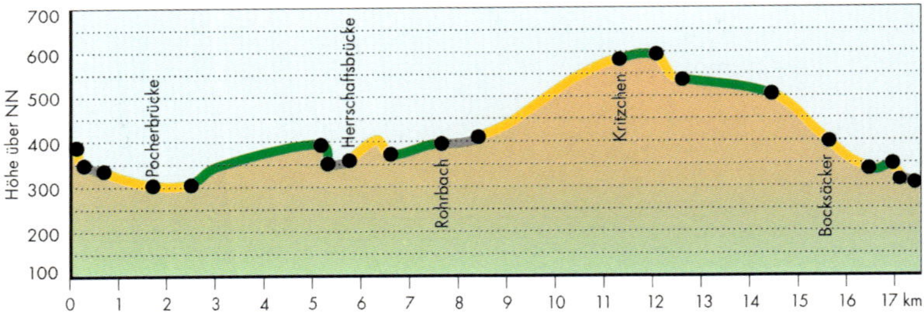

Wegebeschreibung: Die Streckenwanderung beginnt am Bahnhof Schwarzburg, von dem wir zum Rondell an der Landstraße und kurz danach rechts vom Schlossberg hinunter zur Schwarza in Richtung Sitzendorf absteigen. Am Fluss entlang geht es die Schwarza aufwärts bis wir nach dem Parkplatz die Pochermühle erreichen, die wir überqueren. Wir halten uns nun rechts und wandern den Uferweg an der Schwarza aufwärts in Richtung Sitzendorf. Der Weg ist hier mit einem goldenen Punkt als Bergbau- und Goldwanderweg markiert.

Am Hauptwegweiser „Sorbitztal" führt parallel zur Landstraße im Wald ein Weg aufwärts in Richtung Bockschmiede und Rohrbach. Er führt zuerst am Aufstieg zum Felsengeotop und zum Sitzendorfblick vorbei, dann oberhalb von Bockschmiede entlang. Achtung! Am Hauptwegweiser 163 des Cotta-Weges geht der Pfad links hinter dem Wegweiser weiter, nicht nach Bockschmiede absteigen. Der richtige Abstieg zur Landstraße nach Rohrbach kommt ca. 700 m später und ist mit Waldmühle ausgewiesen. Hier steigen wir ab und gehen der Landstraße ca. 100 m Bach aufwärts, um dann auf der Herrschaftsbrücke die Sorbitz zu überqueren.

Nun geht es wieder bergan bis wir oberhalb der Sorbitzmühle eine Wegkreuzung errei-

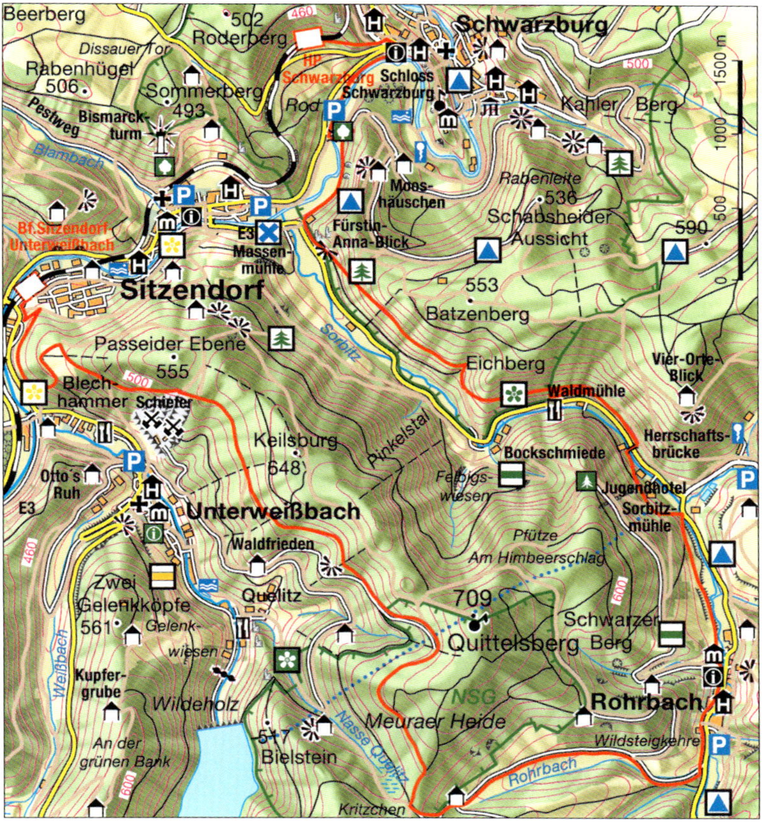

chen, die mit dem Hauptwegweiser „Am Mühlberg" gekennzeichnet ist. Hier halten wir uns links und steigen wieder hinab zur Landstraße, auf die wir am Hauptwegweiser „Am Dreieck" treffen. Mit dem Dreieck ist die vor uns liegende Straßenabzweigung nach Döschnitz und Rohrbach gemeint. Das Tal teilt sich hier. Links, die Weiße Sorbitz aufwärts, geht es nach Döschnitz. Rechts, indem man der Schwarzen Sorbitz folgt, erreicht man bald Rohrbach. Der Platz ist aber auch deswegen interessant, weil der Lichtestollen aus dem Quittelsbergmassiv austritt und auf der Gegenseite den Gebirgsstock bis zum Hainberg quert, um das Wasser des Lichtestausees zur Aufbereitungsanlage in Zeigerheim zu bringen. Auf einem Wiesenweg, der am Waldrand hinauf führt, folgen wir dem Verlauf der Straße und erreichen nach fast 1 km die ersten Häuser von Rohrbach. Diesen kleinen Ferienort durchqueren wir auf seiner Hauptstraße und wer seinen Füßen und Beinen etwas Erholung gönnen will, kann dies hier tun, indem er die Kneipptretanlage mitten im Dorf benutzt.

Kurz nach dem Ortsausgangsschild zweigt am Hauptwegweiser „Kalte Rinne" rechts ein befestigter Wirtschaftsweg ins aufwärtssteigende Wiesental ab, dem wir nun durch das gesamte Wiesental folgen. Er führt zuerst am Waldrand zur linken Hand, dann am Waldrand zur rechten Hand und danach quer durch die Weiden aufwärts und stößt am Talende wieder auf den Wald. Hier an einer Wegabzweigung bleiben wir geradeaus und steigen im Wald aufwärts, bis wir nach einer Rechtskurve den Hauptwegweiser „Kritzchen" erreichen. Nun folgen wir der Wegweisung Turmruine und steigen einen Weg aufwärts, der stellenweise mit Schotter belegt ist. Er führt zu einer mit jungen Bäumen bestandenen Lichtung einer ehemaligen Hochspannungsleitung, an der ein Jagdstand darauf hinweist, dass wir uns hier in einer wildreichen Gegend befinden. Hier teilt sich der Weg, wir halten uns links und gehen in einer typischen Heidelandschaft aufwärts in Richtung Quittelsberg. Etwas später teilt sich der Weg wiederum. Auch dieses Mal bleiben wir links und folgen der Wegweisung Unterweißbach. Nun geht es in einem großen Bogen am Hang des Quittelsberges entlang, bis der Weg sich teilt und der linke Weg abwärts führt. Ihm folgen wir und nach wenigen Metern stoßen wir auf einen ausgebauten Wirtschaftsweg, der in einer scharfen Kurve aufwärts in Richtung Wolfsgrube führt. Wir setzen den Weg weiter abwärts fort, bis er nach einem von links einmündenden Weg auf eine Felsgruppe rechts trifft. Hier zweigt rechts ein leicht aufwärts führender Wiesenweg ab, auf dem wir unsere Wanderung in Richtung Schieferbruch fortsetzen. Die nächsten 1,8 km geht es durch wechselnde Baumbestände fast immer auf gleicher Höhe entlang. Durch die Bäume auf der linken Seite haben wir dabei ab und an einen Blick auf die Staumauer der Lichtetalsperre bzw. etwas später auf die gesamte Anlage und die sie umgebenden Berge bis hinauf zum Fröbelturm auf dem Kirchberg. Am Ende dieser Wegstecke erreichen wir eine Wegweisung, die uns anzeigt, dass wir auf dem Cotta-Naturlehrpfad gewandert sind und die uns den Weg in Richtung Schieferbruchblick zeigt. Wir erreichen die Schutzhütte oberhalb des Schieferbruches 200 m danach und können hier den schönen Ausblick genießen.

Schieferbergbau: Die Dachschieferzone des Ordoviziums weist im Schwarzatal eine Mächtigkeit von 60 – 80 m auf und streicht auf der Linie Oberweißbach-Böhlscheiben in einem Streifen zu Tage aus. Erste Nutzungen erfolgten im 15. und 16. Jh. für Kirchen und die Schwarzburg. Um 1850 entstanden große Tagebaue mit festen Spalthütten, die ganzjährig arbeiteten. Unterhalb Böhlscheiben die Brüche Töpfer und Breternitz, bei Sitzendorf der Bruch Quittelsberg sowie die Brüche Krone und Unterweißbach im Lichtetal. Der Forstfiskus erteilte die Abbaubewilligung gegen Jahrespacht. Der hiesige Schiefer hat graugrüne Farbe, besitzt gute Wetterfestigkeit auf dem Dach, spaltet aber schlechter als die blauen Schiefer des Reviers um Lehesten. Bei größerem Abraum und geringerer Tagesleistung waren die Brüche nur bei niedrigsten Lohnkosten bewirtschaftungsfähig. Nach 1900 wechselten die Betriebe zur Untertageförderung. In den 30er Jahren ging die Dachschieferproduktion zurück, dafür entstanden Schiefermahlanlagen, die auch den bisherigen Abraum nutzten. Schiefermahlprodukte zur Herstellung von Dachpappe,

Blick vom Schieferbruch auf Unterweißbach

Gummi, Farben und als Trägerstoffe für Stäubegifte in der Schädlingsbekämpfung fanden günstigen Absatz. Die Produktion wurde um 1970 aufgegeben. Die Stollen haben erhebliche ökologische Bedeutung als Winterquartiere für Fledermäuse.

Abwärts den Weg weiter folgend, erreichen wir die Luisenquelle. Leider wurde der Naturlehrpfad, der an der Quelle vorbei weiter abwärts führt, erst vor kurzer Zeit mit groben Schotter befestigt, so dass man sich insbesondere beim Abwärtssteigen zwangsweise Gedanken darüber macht, wie lange die Natur wohl braucht, um den Schotter mit Nadeln und Laub zu verstecken und vielleicht wieder ein bisschen zu begrünen, und eventuell auch darüber, ob es nicht auch möglich wäre, diesen natürlichen Prozess mit menschlicher Unterstützung zu beschleunigen. Eine Einladung für den Wanderer sind diese, zum Glück selten in unseren Wäldern anzutreffenden, Schotterstellen nicht.
Weiter unten treffen wir auf den Hauptwegweiser „Bocksäcker" und an der dortigen Schutzhütte vorbei durchqueren wir die „verkrautete" Wiese bis zum gegenüber liegenden Waldrand. Ihm folgen wir nach links und danach weiter bergab in den Wald. Rechts zweigt später ein Weg ab, dem wir bis zum Hauptwegweiser „Am Pflanzgarten" folgen. Über den „Alten Berg" und die „Blechhammer Mühle" erreichen wir nach einem weiteren Kilometer unser heutiges Ziel, den Bahnhof Sitzendorf-Unterweißbach.

WANDERUNG NR. 7

„Heut ist ein wunderschöner Tag“

Wegeverlauf: Bf. Sitzendorf-Unterweißbach – Bocksäcker – Luisenquelle – Schau ins Land – Bockschmiede -- Eichberg – Sitzendorf – Bf. Sitzendorf-Unterweißbach-
Charakter: Rundwanderung, wenig anstrengend. Schöne Aussichten, kulturelle Angebote in Sitzendorf. Für Kinder ab 8 Jahren geeignet.

Wanderstrecke:	9,6 km
Anstiege:	294 m
Abstiege:	294 m
Höchster Punkt:	537 m
Niedrigster Punkt:	301 m
Kalorienverbrauch:	ca. 800 kcal
Gastronomie:	Gaststätten in Sitzendorf und Blechhammer

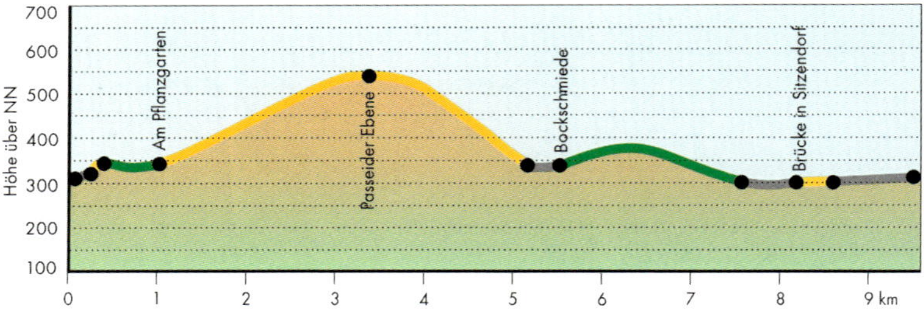

Wegbeschreibung: Start und Ziel unserer Wanderung ist der Bf. Sitzendorf-Unterweißbach, dem wir in Richtung Unterweißbach verlassen. Schon wenige Meter nach dem Bahnhof, am Hauptwegweiser „Blechhammer Mühle“ steigen wir nach links am Berg hoch, immer dem Wegezeichen „blaues Andreaskreuz“ folgend. Am Hauptwegweiser „Am Alten Berg“ gehen wir in gleicher Höhe nach rechts und erreichen nach ca. 700 m links eine Bankgruppe am Hauptwegweiser „Am Pflanzgarten“. Hier verlassen wir den Fernwanderweg „Eisenach-Budapest“, und steigen den Wirtschaftsweg links aufwärts. Er ist, wie übrigens viele Wege in der Umgebung, mit dem Wegzeichen des Cotta-Naturlehrpfades gekennzeichnet. Da dieses Zeichen oft in drei Richtungen führt, sollte man immer den Wegeverlauf genau prüfen, bevor man dem Zeichen folgt.

Nach einer Rechtskurve kommen wir am Hauptwegweiser „Vorderer Alter Berg“ vorbei. Zwei Wege, die nach links abführen ignorieren wir, und so gelangen wir rechts zu einer Waldwiese, die den Namen eines ehemaligen Pächters Bock trägt und unter „Unterer Bocksacker“ bekannt ist. Sie dient heute der Wildfütterung. Vorbei an ihr geht es weiter aufwärts, einen weite-

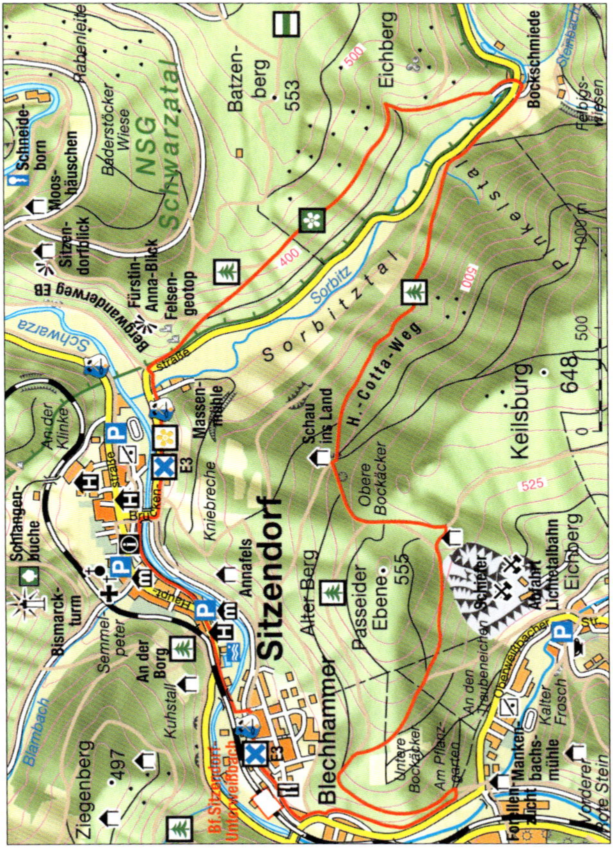

ren links abbiegenden Weg lassen wir wiederum unbeachtet, und so gelangen wir zu einer vor wenigen Jahren neu gefassten Quelle, die mit dem Vornamen einer Fürstin von Schwarzburg-Rudolstadt Anna-Luise von Schönberg bezeichnet ist. Von hier aus können wir rechts eine Schutzhütte erkennen und um den dort gegebenen schönen Ausblick vom ehemaligen Steinbruch auf Teile von Unterweißbach, auf Neu-Leibis und die Berge und Täler der Umgebung genießen zu können, leisten wir uns den kleinen Umweg über die Schutzhütte „Schieferbruchblick". Danach setzen wir unseren Weg weiter bergauf und am folgenden Querweg nach links in Richtung Passeider Ebene fort. Noch immer begleitet uns das Wegezeichen des Cotta-Weges.

Hier an der Passeider Ebene verlief früher ein Reitweg zur Schwarzburg. Heute werden die Wege vor allem zur Holzabfuhr genutzt, so dass man besonders an diesem wichtigen Schnittpunkt verschiedener

Wege immer mal wieder mit Beeinträchtigungen der Wegequalität durch den Holztransport rechnen muss. Über den Hauptwegweiser „Alter Steinbruch" erreichen wir die Schutzhütte am Hauptwegweiser „Schau ins Land". Dieser Aufforderung kann man zur Zeit jedoch nicht nachkommen, da der Hügel, auf dem diese Schutzhütte errichtet wurde, mit hohen Bäumen umwachsen ist.

An der Wegspinne bei der Schutzhütte wählen wir den nach Osten abwärts führenden Wirtschaftsweg, der mit Bockschmiede 2,0 km und dem Zeichen für den Naturlehrpfad ausgewiesen wird. Nun geht es fast 1,5 km auf einen angenehm zu laufenden Wanderweg immer leicht abwärts durch wechselnde Baumbestände. Insbesondere lichte alte Buchenbestände mit ihrer natürlichen Verjüngung und ihren verschiedenen Grüntönen lassen die Wanderung durch den Wald nicht eintönig werden.

Am Ende des Weges treffen wir auf die Landstraße, die vom Schwarzatal dem Sorbitztal aufwärts nach Rohrbach und Döschnitz und weiter zur B 281 auf der Höhe des Thüringer Schiefergebirges führt. Ihr folgen wir bis zu den wenigen Häusern von Bockschmiede. Die Wasserkraft des Baches Sorbitz wurde hier früher zur Eisenbearbeitung und später durch ein Sägewerk genutzt.

Am Hauptwegweiser „Sorbitztal" gleich zu Beginn des Ortes biegen wir auf das Grundstück links ein, überqueren die Sorbitz und folgen der Wegweisung Sitzendorf. Ein schmaler Pfad, der in nördliche Richtung führt, bringt uns den Hang querend schnell bergan, bevor er in etwa gleicher Höhe nach rechts nach Döschnitz und nach links nach Sitzendorf führt. Zum Wegzeichen des Naturlehrpfades gesellt sich das grüne Blatt, welches die Olitätenwege überall in der Region kennzeichnet. Der Pfad trifft am Hauptwegweiser „Batzenberg" auf einen Weg, der von rechts oben kommt. Ihm folgen wir abwärts, vorbei am Abzweig zum „Sitzendorfblick", bis wir unmittelbar vor der Mündung der Sorbitz in die Schwarza wieder die Landstraße erreichen. Von hier, dem Hauptwegweiser „Sorbitztal" führt unser Weg an der Macheleid-Schule vorbei die Schwarza aufwärts. An der Brücke (Hauptwegweiser „Schwarzabrücke") können wir uns entscheiden, ob wir am östlichen Ufer der Schwarza den Fernwanderweg Eisenach-Budapest zum Bahnhof Sitzendorf-Unterweißbach wählen wollen, oder ob wir die Brücke überqueren und über die Uferpromenade auf der anderen Schwarzaseite unseren Weg fortsetzen. Wir wählen die zweite Variante, überqueren die Brücke und biegen unmittelbar danach auf die Uferpromenade ein. Ein Kiesweg führt die Schwarza aufwärts und wir erreichen schon bald den Hauptwegweiser „Am Museum". Hier bietet sich ein Besuch im Sitzendorfer Regionalmuseum auf dem Gelände der Sitzendorfer Porzellanmanufaktur an.

Thüringer Porzellan: Im Fürstentum Schwarzburg-Rudolstadt brachen zwei Erfinder unabhängig von einander 1760 das streng gehütete sächsische Herstellungsmonopol von Porzellan, gefertigt in Meißen. Georg Heinrich Macheleid (1723 - 1811) in Sitzendorf und Johann Wolfgang Hammann (1713 - 1785) in Katzhütte stellten nach längeren Versuchen mit einheimischen Rohstoffen hochwertiges Porzellan her. Ein Jahr später gelang dem Glashüttenmeister Gotthelf Greiner (1732 - 1797) in Limbach am Rennsteig

Blick vom Eichberg auf Bockschmiede

im Herzogtum Sachsen-Meiningen die gleiche Erfindung. Kaolinlagerstätten bei Steinheid, Scheibe-Alsbach, Königsee, Uhlstädt und Birkigt bei Saalfeld sowie die Feldspatvorkommen von Reichmannsdorf bewirkten ein schnelles Aufblühen der Porzellanherstellung im Schiefergebirge und im Saaletal. Die Spezialisierung auf Zierporzellan sicherte viele Jahrzehnte Beschäftigung und machte Porzellan aus Thüringen weltbekannt. Noch heute produzieren kleine Porzellanbetriebe in Sitzendorf, Lichte, Könitz, Rudolstadt-Volkstedt, Lippelsdorf und Reichmannsdorf. Ihre Schauwerkstätten sind gern besuchte Touristenattraktionen. Georg Heinrich Macheleidt hat mit einem Borkenhäuschen auf dem Trippstein den Ruhm des Aussichtspunktes begründet.

Danach setzen wir den Weg auf der Uferpromenade fort, erreichen die Hauptstraße des Ortes und kommen am Sitzendorfer Bauernmuseum und am Schwimmbad vorbei. Am Ortsausgang überqueren wir die Schwarza auf dem Fußgängersteg an der Eisenbahnbrücke und gelangen durch eine ehemalige Gleisunterführung zur Bahnhofstraße in Blechhammer. Hier treffen wir auch wieder auf den Fernwanderweg Eisenach-Budapest, den wir an der Schwarzabrücke verlassen hatten, um den Erholungsort Sitzendorf etwas kennen zu lernen. Der Bahnhofsstraße folgen wir nun nach rechts bis wir wieder den Ausgangspunkt unserer Wanderung, den Bahnhof Sitzendorf-Unterweißbach erreicht haben.

WANDERUNG NR. 8

„Wohlauf, die Luft geht frisch und rein"

Wegeverlauf: Bf. Sitzendorf-Unterweißbach – Bergbahn Bergstation – Unterweißbach – Bf. Sitzendorf-Unterweißbach
Charakter: Rundwanderung, wenig anstrengend. Die Bergbahn erleben. Für Kinder ab 10 Jahren geeignet. Da die Wanderung auch in zwei Wanderungen geteilt werden kann (Bf. Sitzendorf-Unterweißbach zur Talstation der Bergbahn und Bergstation der Bergbahn nach Sitzendorf-Unterweißbach) können diese Etappen auch mit Kindern ab 6 Jahren erwandert werden.

Wanderstrecke:	11,2 km
Anstiege:	128 m
Abstiege:	451 m
Höchster Punkt:	664 m
Niedrigster Punkt:	309 m
Kalorienverbrauch:	ca. 750 kcal
Gastronomie:	Gaststätten in Unterweißbach und Lichtenhain

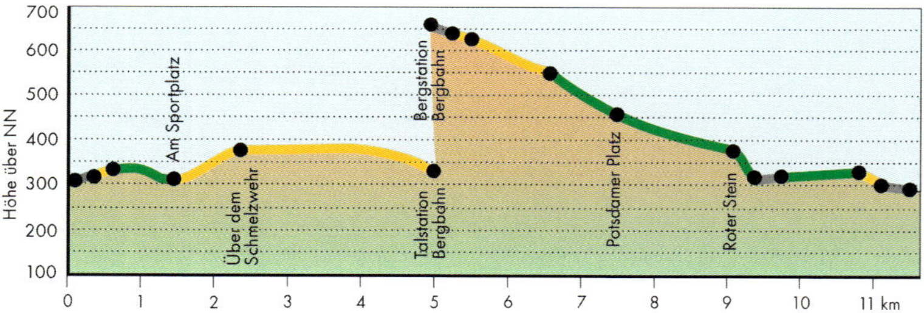

Wegbeschreibung: Wie bei der Wanderung Nr. 07 beschrieben, beginnen wir die Wanderung in Richtung Unterweißbach. Auf dem Fernwanderweg „Eisenach-Budapest" – Markierung blaues Andreaskreuz – wandern wir vorbei an den Hauptwegweisern „Blechhammer Mühle", „Am Alten Berg" und „Am Pflanzgarten" und steigen dort hinab zur Straße, die nach Unterweißbach führt. Diese überqueren wir am Hauptwegweiser „Unter dem Pflanzgarten" und auf der vor uns befindlichen Brücke links gelangen wir auf die andere Seite des Lichtebaches. Hier folgen wir der Schwarza aufwärts, vorbei am Hauptwegweiser „Am Sportplatz", bis sich der Weg teilt. Der Uferweg führt auf Grund eines steilen Hanges nicht bis zum HP Obstfelderschmiede, so dass wir, um zur Talstation der Bergbahn zu gelangen, an der Abzweigung den linken Weg aufwärts nehmen müssen. Von der Abzweigung bis zum Hauptwegweiser „Über dem Schmelzwehr" sind es knapp 700 m, die wir auf gemächlich ansteigendem Weg zurücklegen. Hier verlassen wir den Fernwanderweg „Eisenach-Budapest". Über einen naturbelassenen Weg, der sich

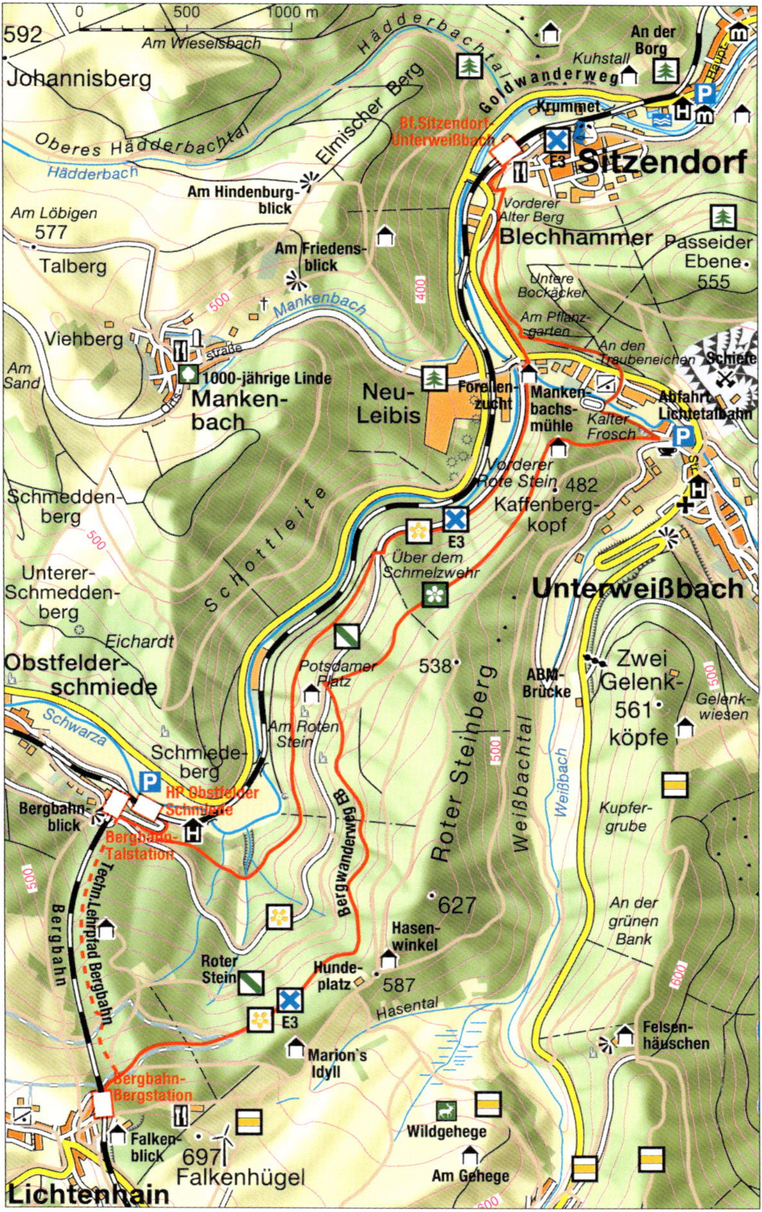
0
500
1000 m
592
Am Wieselsbach
Johannisberg
Hädderbachtal
Oberes Hädderbachtal
Hädderbach
Elmischer Berg
Goldwanderweg
An der Borg
Kuhstall
Krummet
Bf. Sitzendorf-Unterweißbach
E3
Sitzendorf
Am Hindenburg-blick
Am Löbigen
577
Talberg
Am Friedens-blick
Vorderer Alter Berg
Blechhammer
Passeider Ebene
555
Untere Bockäcker
Am Pflanz-garten
An den Traubeneichen
Schiefe
Mankenbach
Viehberg
Am Sand
Orts-straße
1000-jährige Linde
Manken-bach
Neu-Leibis
Forellen-zucht
Manken-bachs-mühle
Kalter Frosch
Abfahrt Lichtetalbahn
Vorderer Rote Stein
482
Kaffenberg-kopf
Schmedden-berg
Schottleite
E3
Über dem Schmelzwehr
Unterweißbach
Unterer-Schmedden-berg
Eichardt
Obstfelder-schmiede
Potsdamer Platz
538
Zwei Gelenk-köpfe
561
ABM-Brücke
Gelenk-wiesen
Schwarza
Am Roten Stein
Roter Steinberg
Weißbachtal
Weißbach
Schmiede-berg
HP Obstfelder Schmiede
Bergbahn-blick
Bergbahn-Talstation
Bergwanderweg EB
Kupfer-grube
Techn.Lehrpfad Bergbahn
Bergbahn
627
Hasen-winkel
An der grünen Bank
Roter Stein
Hunde-platz
587
Hasental
E3
Felsen-häuschen
Marion's Idyll
Bergbahn-Bergstation
Falken-blick
697
Falkenhügel
Wildgehege
Am Gehege
Lichtenhain
400
500
600

zuerst in gleicher Höhe am Berghang entlang schlängelt und dann später leicht abwärts führt, gelangen wir zu der Gleisanlage der Bergbahn. Wie stoßen auf die Gleise am Hauptwegweiser „Am Bergbahnblick" und nach rechts abwärts, dann nach links erreichen wir die Talstation der Bergbahn.

Auf eine Fahrt mit der Bergbahn hoch zur Bergstation brauchen wir nicht lange zu warten, denn alle 30 Minuten fährt eines der beiden Fahrzeuge. Abwechselnd verkehren zwei verschiedene Wagen: ein Personenwagen für 100 Personen und eine Güterbühne mit Aufsetzwagen für 72 Personen. Die Fahrzeit beträgt 18 Minuten und so können wir ca. 1 Stunde später unsere Wanderung von der Bergstation aus fortsetzen.

TIPP: Wer die Fahrt mit der Bergbahn schon kennt und auch über die technischen Details der Bahn informiert ist und sich das Auf und Ab der Wagen in Ruhe ansehen möchte, kann auch direkt an den Bahngleisen entlang einen Pfad nach oben steigen. Der Aufstieg kann dann am Hauptwegweiser „Bergbahnblick" beginnen. Bis zum Fernwanderweg „Eisenach-Budapest", auf dem wir unmittelbar unter der Bergstation stoßen und dem wir dann abwärts in Richtung Unterweißbach folgen, haben wir dann allerdings auf der kurzen Distanz von 1.150 m 267 Höhenmeter zusätzlich zu bewältigen. Das ist recht anstrengend und wird deshalb nur Wanderern mit guter Kondition empfohlen.

Egal, ob wir hoch gefahren oder hoch gewandert sind, wir wollen wieder runter nach Unterweißbach. Dazu verlassen wir die Bergbahn in der Bahnstation nach unten, und über die Treppenanlage erreichen wir einen Pfad, der uns nach wenigen Metern auf den Fernwanderweg „Eisenach-Budapest", markiert mit dem blauen Andreaskreuz, bringt. Nach rechts gehend, erreichen wir die „Sandmännchen Hütte" und kurz danach an einer Weggabelung halten wir uns links und steigen abwärts zum Potsdamer Platz. Nun geht es über 2 km immer abwärts, das blaue Andreaskreuz ist uns dabei eine sichere Orientierung.

Am Potsdamer Platz, an dem sich eine Schutzhütte befindet, haben wir den größeren Teil des Abstiegs bewältigt. Hier treffen wir auf eine Wegspinne. Rechts vom Fernwanderweg „Eisenach-Budapest" führt ein Weg auf gleicher Höhe in nordöstliche Richtung zur Schutzhütte am „Vorderen Roten Stein". Sie erreichen wir nach ca. 1,5 km. Von hier haben wir einen freien Blick auf den Ortsteil von Unterweißbach „Neuleibis" mit seinen schmucken Häusern, die als Ersatzbau für das Dorf Leibis entstanden sind.

Leibis/Neuleibis: Ein kleines Dorf im engen Tal der Lichte am Zufluss des Schlagetalbaches oberhalb von Unterweißbach. Das Dorf verdankt seinen Ursprung einer Hammerschmiede mit einer Eisenhütte, die noch 1863 jährlich 1500 Zentner Roheisen, auch Wagenachsen herstellte. Der Eisenhammer ist um 1440 „in der Oberen Lubisch" (später „vor der Lubis") beurkundet und hieß im 16. Jh. auch Stauchenschmiede, da Friedrich Stauch 1543/44 den Betrieb führte. 1863 trieb die Lichte außerdem eine Mahl-, eine Schneide- und eine Ölmühle an. Leibis wurde wegen des Talsperrenbaus ab 1994 abgerissen, die Einwohner erhielten zuvor eine neue Siedlung am Südhang des Schwarzatales bei Mankenbachsmühle, Neuleibis genannt.

Auf halber Höhe begegnen sich die beiden Wagen

Unser Weg biegt kurz nach der Hütte nach rechts und führt nun abwärts hinunter nach Unterweißbach. Den Ort erreichen wir am Hauptwegweiser „Kalter Frosch" . Wir folgen dem Wegweiser Bahnhof Sitzendorf-Unterweißbach auf der Bitumenstraße bis wir vor dem Sportgelände an einer Brücke über die Lichte gelangen. Diese überqueren wir und quer durch die kleine Siedlung erreichen wir unterhalb des Schieferbruchs an der Gaststätte „Anne-Stübchen" die Landstraße. Sie wird überquert, um den Pfad am Hauptwegweiser „An den Traubeneichen" zu nutzen, um über die Hauptwegweiser „Am Pflanzgarten" und „Am Alten Berg" nach Blechhammer und zum Bahnhof Sitzendorf-Unterweißbach zu gelangen.

WANDERUNG NR. 9

„Wer recht in Freuden wandern will"

Wegeverlauf: Bf. Sitzendorf-Unterweißbach – Hindenburgblick – Mankenbach – Reinhardstal – Bf. Mellenbach-Glasbach
Charakter: Streckenwanderung , wenig anstrengend, Trittsicherheit erforderlich, durch einsame Wälder zum Aussichtspunkt hoch über der Schwarza. Für Kinder ab 8 Jahren geeignet.

Wanderstrecke:	9,3 km
Anstiege:	363 m
Abstiege:	321 m
Höchster Punkt:	583 m
Niedrigster Punkt:	309 m
Kalorienverbrauch:	ca. 850 kcal
Gastronomie:	Bergcafé Mankenbach, Gasthaus Bahnhofshotel Mellenbach-Glasbach und weitere Gaststätten in Blechhammer und Glasbach

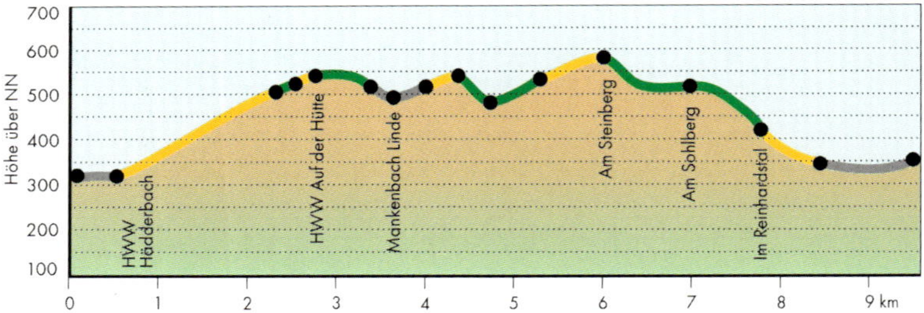

Wegbeschreibung: Wir verlassen die Schwarzatalbahn am Bf. Sitzendorf-Unterweißbach und überqueren nach wenigen Metern talaufwärts die Bahnschienen und die Schwarza. Auf der Landstraße geht es nun ca. 500 m flussabwärts, bis wir zur Einmündung des Hädderbaches in die Schwarza gelangen. Wir folgen dem Bachlauf bis zur ersten Brücke und wählen den Wirtschaftsweg, der vom Tal links aufwärts in Richtung Mankenbach (Wegweiser Mankenbach, keine Wegezeichen) führt. Wir sind nun auf dem Philosophenweg. Er führt uns durch unterschiedlich alte Fichtenbestände an der am Hang versteckten Hütte am Philosophenweg vorbei zum Hauptwegweiser „Am Friedensblick". Der Friedensblick ist noch 300 m entfernt – unser Weg führt aber fast entgegengesetzt bergan zum Hindenburgblick (Wegweisung Mankenbach 2,0 km). Den Hauptwegweiser „Am Hindenburgblick" erreichen wir, indem wir an einem Steintisch mit den Initialen TWV 1027 (Thüringerwald-Verein) nach links gehen und den Wald verlassen. Der Wegweisung Mankenbach folgend, geht es aufwärts zum Hauptwegweiser „Auf der Hütte" und dann abwärts in den kleinen Ort Mankenbach. Nach genau 200 Höhenme-

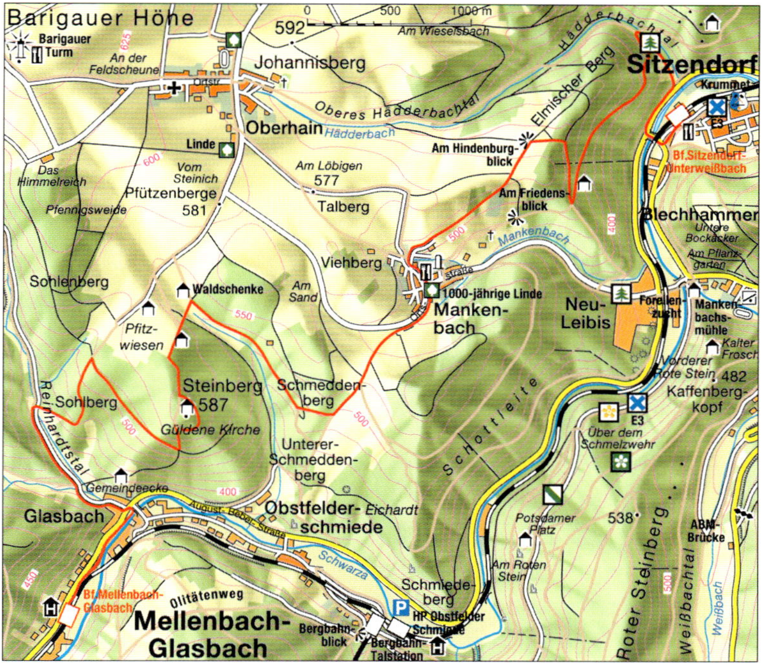

ter Aufstieg haben wir uns eine Pause verdient, zu der das Bergcafé direkt am Ortsbeginn einlädt. Gestärkt geht es zur „1000-jährigen Linde" und dann wieder bergan auf der Hauptstraße in Richtung Oberhain.

Am Ortsausgang verlassen wir die Bitumenstraße und biegen links in einen bergan durch die Fluren führenden steinigen Weg ein. Er bringt uns zum Hauptwegweiser „Ebene" und zur Schutzhütte Bergbahnblick mit Selbstbedienungs-Bratwurstgrill. Von hier kann man die Begegnung der hinauf und herabfahrenden Wagen der Bergbahn an der Abtschen Weiche beobachten.

An der Schutzhütte steigen wir den Wiesenweg zum Waldrand bergab und biegen beim ersten abzweigenden Weg rechts in den Wald ein. Nach ca. 200 m trifft unser naturbelassener Weg an einem Wegweiser auf einen Querweg, den wir nach rechts bergauf ca. 800 m folgen (Wegweisung Barigauer Turm bzw. Oberhain), bis sich links ein Wiesental öffnet und der Wald an Wiesen und Felder stößt. Hier steht auf der Wiese eine kleine Hütte, die auf Wanderkarten als Waldschenke bezeichnet wird, aber allenfalls bei Regen eine trockene Unterstellmöglichkeit bietet. An ihr vorbei quer über die Wiese gelangen wir zum Waldrand, dem wir bergan folgen, bis wir wieder einen befestigten Weg erreichen. Er führt uns weiter am Waldrand bis zu einer Forsthütte. Hier folgen wir der Wegweisung „Güldene Kirche" in den Wald und indem wir bei Abzweigungen immer rechts bleiben (Wege-

zeichen grüner Querstrich) erreichen wir nach ca. 300 m den höchsten Punkt unserer Wanderung, den Steinberg.
Über naturbelassene Wege und Pfade (Trittsicherheit erforderlich!) geht es nun rund um den Berggipfel und dann abwärts zur Schutzhütte an der Güldenen Kirche, von der man tief hinab ins Schwarzatal und weit bis zu den Gipfeln am Rennsteig sehen kann. Wer geologisch interessiert ist, sollte vor der Hütte ein paar Meter bergab steigen, da man hier noch einen alten Stollen, der in den Fels getrieben wurde, sehen kann.

Güldene Kirche: Der Steinberg (587 m NN) nordöstlich von Glasbach ist ein freigewitterter Granitstock, ursprünglich ein in der Tiefe steckengebliebener Magmapfropf, am Steilhang des Schwarzatales. Der Glasbacher Granit ist in einer Spalte von 400 m Breite und 1 km Länge in die Schiefer der Katzhütter Schichten, die als ältesten Gesteine Thüringens gelten (etwa 790 Mio. J.), eingedrungen. Am felsigen Südabhang des Steinberges befindet sich ein 15 m tief in den Berg getriebener Stollen: die Güldene Kirche. Sagen raunen, dass dort nach Gold gegraben wurde. Wahrscheinlich ist aber die Suche nach verwertbaren Eisen- und Bleierzen. In den südhängigen Blockfluren des Steinberges überschneiden sich die Verbreitungsgrenzen zwischen dem atlantischen Roten Fingerhut (Digitalis purpurea L.) und dem kontinentalen Blassgelben Fingerhut (Digitalis grandiflora L.). Diese floristische Besonderheit führt am Steinberg zu orangefarbigen Bastarden.

Auch nach der Hütte geht es noch ein Stück steil abwärts, bevor der Pfad in nordwestliche Richtung den Berghang zuerst leicht bergab, dann leicht bergauf quert. Indem wir mehrere abgehende Pfade ignorieren, gelangen wir zum Hauptwegweiser „Sohlberg". Nun geht es in der rechten, steil abwärtsführenden naturbelassenen Rinne in Richtung Mellenbach (keine Wegzeichen). Die Rinne prägt sich weiter aus und bringt uns auf angenehm zu laufendem Weg nach einer Rechtskurve an den Waldrand und nach weiteren 150 m ins Reinhardstal. Der weitere Wegverlauf stellt kaum noch Anforderungen an die Orientierung, denn wir folgen nun den Bach abwärts bis zur Landstraße im Schwarzatal, auf der wir talaufwärts nach ca. 800 m zum Bf. Mellenbach-Glasbach gelangen.

Blick von der Schutzhütte „Güldene Kirche“ auf Mellenbach-Glasbach

WANDERUNG NR. 10

„Hoch droben auf dem Berg“

Wegeverlauf: Bf. Sitzendorf-Unterweißbach – Barigauer Turm – Bf. Mellenbach-Glasbach

Charakter: Streckenwanderung, etwas anstrengend. Links der Schwarza durch einsame Bachtäler bergauf und bergab. Zum Aussichtspunkt hoch über dem Olitätenland. Für Kinder ab 10 Jahren geeignet.

Wanderstrecke:	9,8 km
Anstiege:	386 m
Abstiege:	344 m
Höchster Punkt:	665 m
Niedrigster Punkt:	309 m
Kalorienverbrauch:	ca. 900 kcal
Gastronomie:	Gaststätten in Blechhammer, Oberhain. Barigau und Glasbach Gaststätte Barigauer Turm

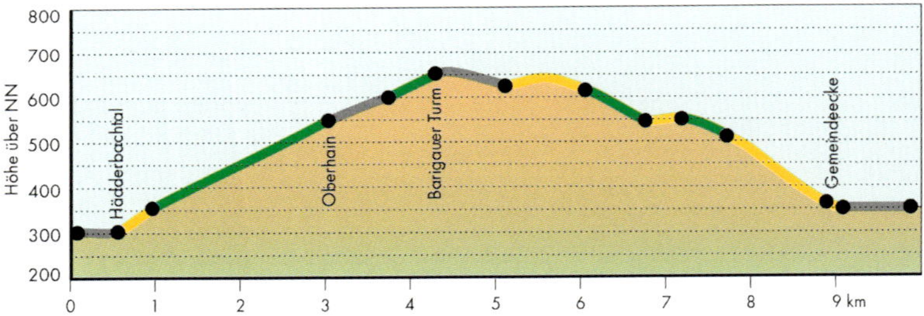

Wegbeschreibung: Wir verlassen die Schwarzatalbahn am Bf. Sitzendorf-Unterweißbach und überqueren die Bahnlinie und die Schwarza wenige Meter flussaufwärts, um dann ca. 500 m der Landstraße abwärts in Richtung Sitzendorf zu folgen. Von links mündet am gleichnamigen Hautwegweiser der Hädderbach ein, dem wir nun aufwärts folgen. Nach ca. 400 m wechselt unser Weg auf die andere Bachseite, auf der wir nun bis zu einer kleinen Brücke bleiben. Nachdem wir diese überschritten haben, biegt der Weg etwas vom Bach weg und ein Wegweiser zeigt uns an, dass es noch 700 m bis Oberhain sind. Einhundert Meter weiter treffen wir auf den Hauptwegweiser „Oberes Hädderbachtal“ und an Weiden entlang erreichen wir Oberhain am unteren Ortsende. Bevor wir den steilen Aufstieg entlang der Hauptstraße des Ortes bis hoch zur Kirche in Angriff nehmen, besuchen wir die traditionsreiche Likörfabrik und Destillerie A.O.Siegmund und stärken uns mit einem echten Siegmundiner.

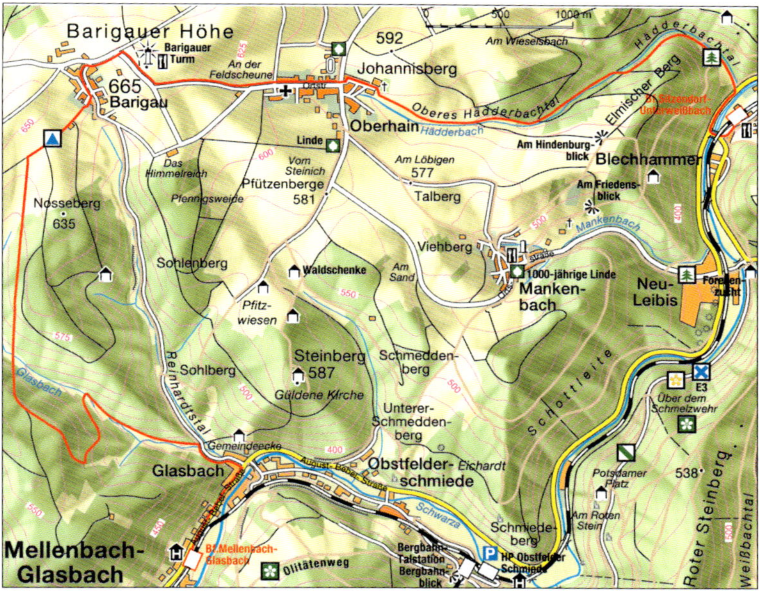

A. O. Siegmund - Likörfabrik und Destillerie: 1925 gründete der „Buckelapotheker" Albert Oscar Siegmund in Oberhain die Likörfabrik, die seitdem seinen Namen trägt. Bekanntestes Produkt ist der Siegmundiner Thüringer Kräuterlikör, der seit 3 Generationen ununterbrochen nach den alten überlieferten Rezepturen hergestellt wird. Seine Wirkungen werden in einem langen Traktat beschrieben, aus dem hier auszugsweise zitiert wird:
„Gegen Kolik, Diarrhoe, Gänsehaut und Ohrenweh, Gegen Wurm-, sei's Spul-, sei's Band-, Schimpfen, Platzangst, Sonnebrand. Gegen Viren und Bazillen, Säuglingsbrüllerei beim Stillen, Blutdruck sei er hoch und nieder, Wadenkrampf und weiches Mieder. Auch bei Milben Tränenfluss, Impotenz und Hexenschuss. Wenn das alles eingetroffen ist und Ihr keinen Rat mehr wisst: Dagegen hilft nur ganz allein: der Siegmundiner-Schnaps aus Oberhain."

An der Kirche verlassen wir den Ort und auf der Landstraße nach Barigau erreichen wir kurze Zeit später den Hauptwegweiser „An der Feldscheune". Quer durch die Wiesen und Felder führt von hier ein Weg direkt auf den Barigauer Turm zu, den wir nach über 350 m bergauf etwas müde erreichen. Da wir Wanderer hier immer gern gesehene Gäste sind, legen wir eine kurze Rast zur Erholung und zur Besichtigung des Olitätenlandes von oben ein.

Barigauer Turm: Ursprünglich hatten die Erbauer des Barigauer Turms nur die Absicht, eine Schutzhütte zu errichten, aber mit der Genehmigung für die Bebauung der Barigauer Höhe hat man sich dann für die Errichtung eines Turmes entschieden. So kam es, dass im August 1912 der 9 m hohe Aussichtsturm eingeweiht wurde. Besucher und Urlauber wollten jedoch nicht nur die herrliche Rundumsicht über das Olitätenland genießen, sondern nach den Anstrengungen des Aufstiegs auch Möglichkeiten der Einkehr haben. So entschloss sich die Gemeinde eine Gaststätte anzubauen, die 1959 fertiggestellt wurde und seit dem die Gäste mit Thüringer Küche und Spezialitäten verwöhnt.

Um in den nächsten Ort zu gelangen, nach Barigau, müssen wir die Landstraße benutzen. An der ersten Straßenabbiegung links gehen wir in den Ort hinein bis hinab zur Ortsmitte, die mit einem Hauptwegweiser gekennzeichnet ist.

Wir wählen die Wegweisung Mellenbach, Altes Glasbachtal und verlassen den Ort in süd-westliche Richtung. Der Weg, der hier auch wieder als Olitätenrundwanderweg mit dem blauen Dreieck gekennzeichnet ist, führt bergan, an einer Scheune vorbei, zu einem trigonometrischen Punkt und kurz danach hinab ins Glasbachtal mit der Wegweisung Mellenbach. Durch herrliche Blumenwiesen hindurch steigen wir hinab zum Waldrand und genießen auch hier wieder einen wunderschönen Ausblick auf die Berge am Horizont. Auf Grund der geraden Linie des Bergrückens, die durch die Staumauer des Oberbeckens des Pumpspeicherwerkes Goldisthal gebildet wird, können wir das Massiv des Wurzelberges und Farmdenkopfes zwischen Katzhütte und Neuhaus ausmachen. Es ist trotz der ca. 12 km in Luftlinie gemessenen Entfernung in der klaren Luft scheinbar zum Greifen nah.

Abwärts steigend erreichen wir eine Waldspitze und am Waldrand entlang geht es durch das hier besonders bezaubernde Wiesental. Später führt der Weg in den Wald hinein und da Wegweiser und Wegezeichen fehlen, müssen wir darauf achten, bei allen Wegabzweigungen nach links zu gehen. Wir erreichen so eine Wegabzweigung, die auf einen Wirtschaftsweg führt, der vom Talgrund kommend in südliche Richtung weiter verläuft. Auch hier bleiben wir links und steigen nach Norden hin ab, bis wir am Hauptwegweiser „Der krumme Fahrweg" den Glasbach erreichen. In einer großen Kurve geht es weiter abwärts und eine Weile später stoßen wir am Hauptwegweiser „Gemeindeecke" auf ein erstes Gebäude von Glasbach. An ihm vorbei erreichen wir den Ortsteil Glasbach und die Straße durch das Schwarzatal, der wir 750 m aufwärts zum Bahnhof Mellenbach-Glasbach folgen. Wer möchte, kann sich im der dem Bahnhof gegenüberliegenden Gaststätte Bahnhof-Hotel vor der Rückfahrt noch einmal stärken und das auf der Wanderung Erlebte und Gesehene Revue passieren lassen.

Barigauer Turm mit Gaststätte

WANDERUNG NR. 11

„Hab mein Wage voll gelade“

Wegeverlauf: HP Obstfelderschmiede – Bergbahn Bergstation - Lichtenhain – Sachsenstein – HP Obstfelderschmiede

Charakter: Rundwanderung bzw. Streckenwanderung. Bei Benutzung der Bergbahn mäßig anstrengend. Für Kinder ab 8 Jahren geeignet, bei Benutzung der Bergbahn ab 6 Jahre.

Wanderstrecke:	6,3 km
Anstiege:	359 m
Abstiege:	359 m
Höchster Punkt:	664 m
Niedrigster Punkt:	329 m
Kalorienverbrauch:	ca. 700 kcal
Gastronomie:	Gaststätten in Lichtenhain

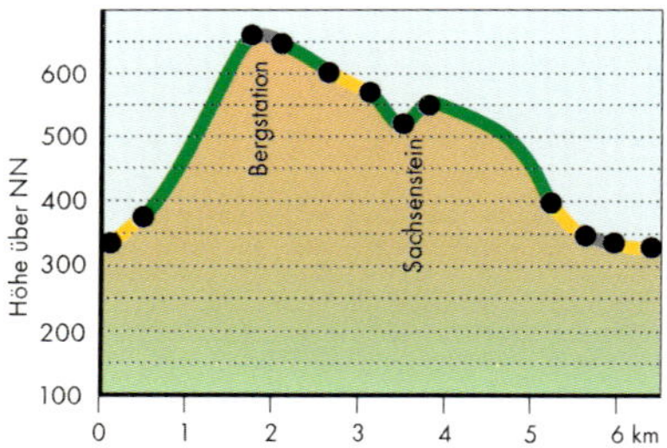

Wegbeschreibung: Wer sich intensiv für die Bergbahn interessiert, sollte nicht nur mit ihr bergan zur Bergstation fahren, sondern auch einmal den Pfad entlang der Schienen emporsteigen. Wir steigen also am HP Obstfelderschmiede aus der Schwarzatalbahn aus und steigen nicht um, sondern folgen am Waldrand in östliche Richtung leicht ansteigend einen befestigten Weg, bis er mit einer steilen Kurve wieder zurück in Richtung Bergbahn führt. Der Weg ist mit einem grünen Querstrich markiert und führt uns zum Hauptwegweiser „Bergbahnblick“. Ab hier führt uns eine eigene Markierung – ein langer grüner Pfeil mit schematisch dargestellter Bahn – den Berg parallel zu den Gleisen auf einem schmalen, steilen Pfad bergan. Der Anstieg ist etwas mühsam, aber Erläuterungstafeln zur Anlage der Bergbahn bieten uns immer wieder Gelegenheit zum Verschnaufen. Da wir uns nicht wie die Läufer, die einmal im Jahr den Wettkampf mit der Bergbahn aufnehmen – und gewinnen, im Laufschritt bewegen, haben wir das Erlebnis, der Bahn sowohl aufwärts als auch abwärts in ihrer lautlosen Fahrt begegnen zu können. Schaut man ihr flüchtig entgegen hat es den Anschein, als würde sie auf der Strecke halten. Erst bei längerem Hinsehen kann man erkennen, dass sie sich bewegt und näher kommt. An der Strecke informieren Tafeln über technische Details, so z.B. über das Schienenprofil, die Abtschen Weichen, die zum Einsatz kommenden Fahrzeuge.

TIPP: Natürlich kann auf den anstrengenden Aufstieg zu Fuß zur Bergstation verzichtet werden. Wer es also weniger anstrengend liebt, fährt gemütlich in 18 Mi-

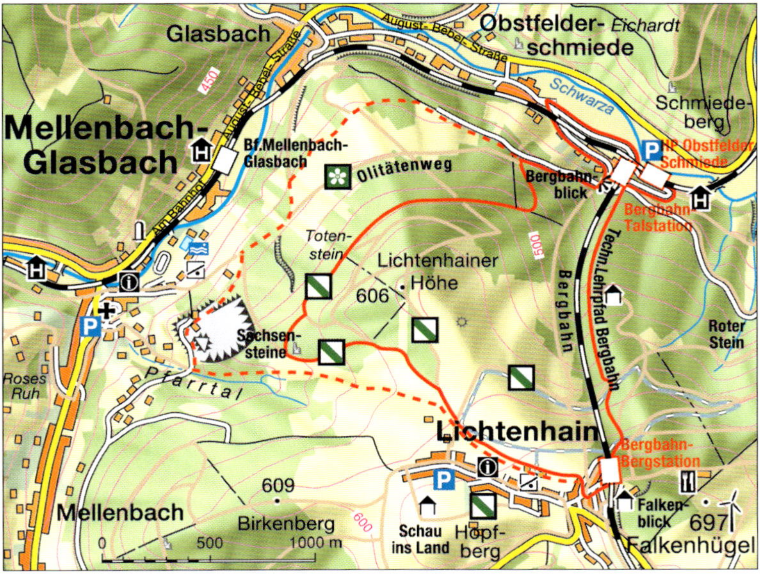

nuten mit der Bahn nach oben und kann die Wanderung wie nachfolgend beschrieben fortsetzen. Sie verkürzt sich dadurch auf 4,5 km und insgesamt müssen nur noch 25 m Anstieg bewältigt werden.

Nach knapp 2 km Aufstieg und mit 320 Höhenmetern in den Beinen erreichen wir die Bergstation, die wir durchschreiten, um zum Hauptausgang der Bergbahn in Lichtenhain zu gelangen. Wir folgen der Straße bis zum Hauptwegweiser „Ecke Bergbahnstraße – Roter Steinweg", biegen hier rechts ab, dem Europäischen Bergwanderweg folgend, der mit dem blauen Andreaskreuz markiert ist, und stoßen nach ca. 100 m auf einen links abgehenden Feld- und Wiesenweg (am Hauptwegweiser „Abzweig Gartenstraße"), der uns in Richtung Sachsen- und Totensteine führt. Nun bleiben wir am Wiesenrand südlich von Lichtenhain der Wegweisung Sachsenstein folgend, vorbei am Hauptwegweiser „In der Gasse" bis wir die Waldspitze am Hauptwegweiser „Am Anspann" erreicht haben.

Am Anspann: Hier verlief im Mittelalter ein alter Handelsweg von Erfurt in Richtung Nürnberg. Auf der Höhe am Gasthaus „Zum Hain" wurde gerastet und es wurden die Pferde gewechselt, um den weiterhin schwierigen Weg durch die Berge fortzusetzen. Fuhrleute und Waldarbeiter, die hier Pech und Holzkohle herstellten, sind somit wahrscheinlich die Gründungsväter des Höhenortes Lichtenhain.

Wir folgen der Wegweisung Sachsenstein und bleiben auf dem befahrbaren befestigten Weg, der leicht bergab am Friedhof vorbei führt. Nach einem rechts abbiegenden Wiesenweg zweigt links ein naturbelassener Hohlweg abwärtsführend durch Fichten und Kiefern ab (Wegweiser Sachsenstein und Wegezeichen grüner Diagonalstrich). Wir gelangen an den Wiesenrain vom Pfarrtal. Der Weg wird wenig begangen. An einer Bank biegt der Weg rechts aufwärts in den Wald ab. Die Sachsensteine liegen unmittelbar vor uns. Der Weg führt im Bogen aufwärts halb um die Steine herum. Er stößt auf einen von rechts oben kommenden Querweg, dem wir nach links (Wegweiser Totenstein) folgen.

Sachsensteine: Die Bezeichnungen Sachsenstein und Schwedenstein gehen wahrscheinlich auf den Dreißigjährigen Krieg zurück, als sich hier Schweden und Sachsen kämpfend und marodierend herumtrieben. Geologisch handelt es sich bei den hier anzutreffenden Klippen um Diabas, einem Ergussgestein, dass wegen seiner grünlichen Färbung auch als Grünstein bezeichnet wird. Es ist ein hartes Gestein und wird deshalb zum Straßenbau und wegen seiner gut zu polierenden Oberfläche auch zur Herstellung von Denkmälern und Grabsteinen verwendet.

Links vom Weg liegt nach ca. 200 m der Schwedenstein, auch Totenstein genannt. Warum diese Klippe diese doppelte Bezeichnung trägt, sollte man auf der Informationstafel am Fels, die die Sage vom Totenstein den Wanderern erzählt, unbedingt nachlesen. Weitere 200 m weiter treffen wir in einem schmalen Streifen einer Schonung auf eine Wegabzweigung nach links. Hier gibt es keine Markierung. Dieser links abbiegende, naturbelassene Weg führt leicht abwärts, nach ca. 100 m treffen wir auf einen aus einem Baumstamm gefertigten supergroßen Nistkasten in ca. 5 m Höhe am Baum. Er zeigt uns an, dass wir den richtigen Weg gewählt haben. Danach entwickelt sich der leicht abwärts führende Weg zu einem Pfad, der durch den 50 Jahre alten Waldbestand wie ein Wildpfad führt. Er kreuzt mit einem von rechts oben kommenden, etwas breiteren Pfad. Hier finden wir Wegemarkierungen. Wir überqueren diesen neuen Pfad und bleiben auf einem schmalen Pfad, der uns laut Wegweiser nach 1,5 km zur Bergbahn Obstfelderschmiede gelangen lässt. Der Pfad verläuft ca. 100 bis 150 m auf gleicher Höhe, bevor er zunehmend steiler abwärts führt. Nach einem besonders steilen Stück treffen wir auf eine z. T. gefasste Quelle. Ein Schild an Grenzsteinen weist uns 20 m weiter in einer Serpentine steil nach unten – zur Obstfelderschmiede. Nach der Kehre führt der Weg wieder über den Bach, wird aber besser und führt weiter steil bergab. Wir gelangen an einer Bank in einer Kurve auf einen Karrweg, der halb naturbelassen ist. Hier gibt es keine Wegweisung. Nach rechts abwärts gelangen wir an die Bahngleise. Gegenüber befindet sich der Bergbahnblick. Ein Überschreiten der Gleise ist nicht möglich, es führt aber ab hier eine Straße in Richtung Ortsteil Obstfelderschmiede, die nach ca. 400 m auf einen Übergang über die Schwarzatalbahn trifft. Diese überschreitend und sich auf den Karrweg zwischen Bahngleisen und Schwarza rechts haltend, gelangt man zum HP Obstfelderschmiede, zum Ausgangpunkt der Wanderung zurück.

TIPP: Man kann die Wanderung verlängern (9,1 km/646 Höhenmeter Anstieg), wenn man auf dem Karrweg, den man ca. 400 m vor den Gleisen der Bergbahn nach dem langen Abstieg vom Totenstein er-

Der Sachsenstein zwischen Lichtenhain und Mellenbach

reicht, nicht nach rechts abwärts, sondern nach links aufwärts steigt. Über den Steinbruch bei Mellenbach und durch das Pfarrtal kommt man nach Lichtenhain zurück (Wegweiser zum Steinbruch und Pfarrtal weisen den Weg) und kann die Wanderung an der Bergstation der Bergbahn beenden.

WANDERUNG NR. 12

„Im schönsten Wiesengrunde"

Wegeverlauf: HP Meuselbach-Schwarzmühle – Breitenbachtal – Böhlen – Blechsteig – HP Meuselbach-Schwarzmühle
Charakter: Rundwanderung mäßig anstrengend. Wisentäler laden ein. Für Kinder ab 8 Jahren geeignet, bei Benutzung der Bergbahn ab 6 Jahre.

Wanderstrecke:	9,3 km
Anstiege:	260 m
Abstiege:	260 m
Höchster Punkt:	632 m
Niedrigster Punkt:	395 m
Kalorienverbrauch:	ca. 750 kcal
Gastronomie:	Gasthaus zur schönen Aussicht in Böhlen Hotel Waldfrieden in Schwarzmühle

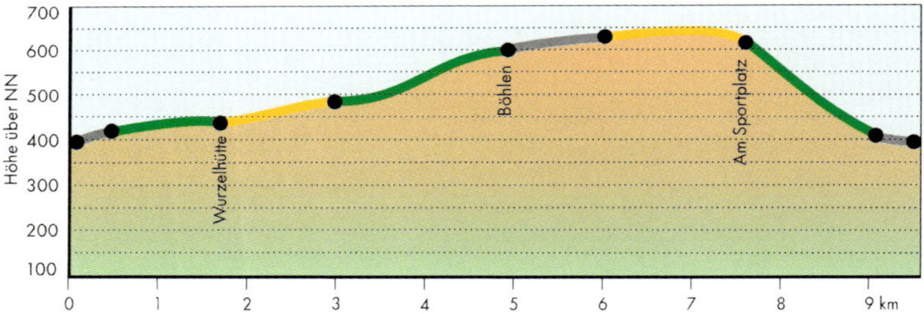

Wegbeschreibung: Am vorletzten Haltepunkt der Bahn im Schwarzatal, am HP Meuselbach-Schwarzmühle, verlassen wir die Bahn, um unsere Rundwanderung in den Tälern und Bergen westlich der Schwarza zu beginnen. Zuerst müssen wir über die Bahnschienen und dann die Schwarza überqueren. So gelangen wir in den kleinen Ortsteil Schwarzmühle, der sich am Fuß des Bergrückens des Steinberges ausbreitet. Nach einigen Metern die Schwarza aufwärts überqueren wir die Einmündung des Breitenbaches in die Schwarza und steigen danach rechts der Bergstraße aufwärts bis zu einer Wegweisung an der sich die Bergstraße nach links und rechts teilt. Wir bleiben rechts und folgen dem Wegweiser Wurzelhütte, die ca. 1 km dem Breitenbach aufwärts unser nächsten Ziel ist. Unser Weg verläuft ziemlich auf gleicher Höhe bleibend und teilt sich am Dorfende abermals. Auch hier bleiben wir rechts und wählen den Wiesenweg, der uns nach wenigen Metern in den Wald hinein führt. Sanft ansteigend geht es nun auf naturbelassenem Weg durch einen lichten Fichtenhochwald, bis nach ca. 800 m rechts ein Pfad mit Geländer die

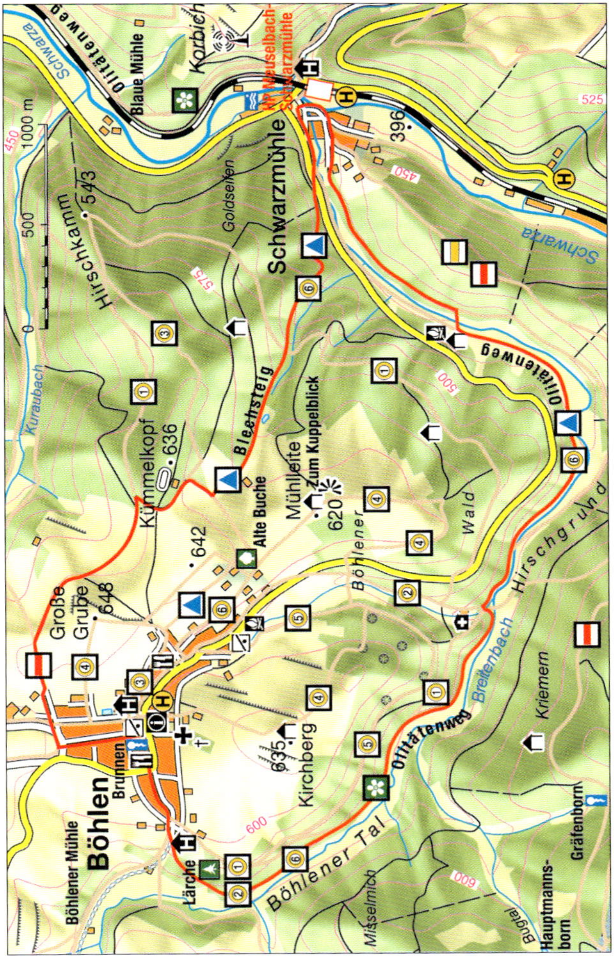

wenigen Meter zum Wiesenrand hinab führt und diese auf einem Holzsteig mit einer Holzbrücke überquert. Am anderen Ufer stoßen wir auf die Wurzelhütte, eine urige Schutzhütte, die zur Rast einlädt.

Wer darauf eingestellt ist hat bestimmt die eigenen Bratwürste dabei, denn hier ist vom Rost bis zu Trinkgläsern alles vorhanden, um gut zu rasten und zu schlemmen, vorausgesetzt der Rucksack ist mit Schlemmerdingen gut gefüllt. Nach der Rast und einem weiteren Kilometer erreicht man einen Bach, der von Böhlen kommend hier in den Breitenbach einmündet. Hier kann man wählen nach Böhlen Unterende oder Böhlen Oberende

Die Wurzelhütte im Breitenbachtal

aufzusteigen. Wir wählen Oberende und bleiben damit im Breitenbachtal und auf dem Rundwanderweg Nr. 6. Knapp einen weiteren Kilometer aufwärts teilt sich unser Weg. Wir bleiben, obgleich der Rundwanderweg Nr. 6 nun rechts verläuft, links am Wiesenrand – Wegweisung: Buchtal-Mühlberg, und haben damit eine gute Wahl getroffen, denn es geht sich hier auf dem naturbelassenen Weg gut bergan. Wandern durch dieses Wiesental ist ein Genuss, da man die Natur, die nicht nur zahllose Kräutern am Wegesrand, sondern auch viele interessante Bäume und vor allem viele Singvögel aufbietet, in Ruhe und bei mäßig anstrengendem Wandern bergauf voll genießen kann. Gegen Ende des Wiesentales wird der Anstieg deutlich steiler und wir erreichen den Waldrand und stoßen hier auf den Olitätenrundwanderweg, der uns überall im Wandergebiet begleitet. Damit haben wir auch schon das „Oberende" von Böhlen erreicht. Nun folgen wir der mit dem blauen Dreieck des Olitätenrundwanderweges gekennzeichneten Ortsstraße, vorbei an der Gaststätte „Zur schönen Aussicht" ins Ortszentrum, biegen an der Schulstraße links ab, und gelangen an die Wiesen und Felder oberhalb von Böhlen. Hier geht die Straße nach Wildenspring ab. Wir halten uns rechts auf dem befestigten Wirtschaftsweg, an dem wir die Wegweisung Sportplatz bzw. Blechsteig finden. Ihr folgen wir durch Weiden und Felder mit schöner Aussicht zur Meuselbacher Kuppe, dem Kirchberg mit Fröbelturm und ins bergige Umland des Schwarzatales. Der Weg führt aufwärts steigend in den Wald. Hier befindet sich der Sportplatz von Böhlen, den wir am Waldrand abwärts umgehen. Nun stoßen wir wieder auf den Olitätenrundwanderweg, der von Böhlen herüber führt und auf dem wir bis Schwarzmühle bleiben werden. Wir können nun wieder dem Wanderzeichen blaues Dreieck, aber auch der gelben 6 im gelben Doppelkreis folgen, denn beide Wege verlaufen hier deckungsgleich auf dem sogenannten Blechsteig. Vorbei an einem kleinen Teich geht es nun z.T. steil bergab und nach ca. 2 km erreichen wir in Schwarzmühle wieder die Landstraße, die nach Böhlen führt. Jetzt haben wir nur noch 250 m auf ihr zurück zu legen, bis wir wieder am Ende unserer Rundwanderung am HP Meuselbach-Schwarzmühle angelangt sind.

Blumenwiese bei Böhlen

WANDERUNG NR. 13

„Steig ich den Berg hinan“

Wegeverlauf: HP Meuselbach-Schwarzmühle – Junkertal – Herschdorf – Langer Berg – Großbreitenbach – Bf. Katzhütte

Charakter: Streckenwanderung, anstrengend. Durch einsame Täler, Wiesen und Wälder. Nur für geübte Wanderer.

Wanderstrecke:	22,3 km
Anstiege:	569 m
Abstiege:	548 m
Höchster Punkt:	808 m
Niedrigster Punkt:	375 m
Kalorienverbrauch:	ca. 1.750 kcal
Gastronomie:	Gaststätte „Fürst-Karl-Günther-Haus“, weitere Gaststätten in Herschdorf, Großbreitenbach, Katzhütte und Schwarzmühle

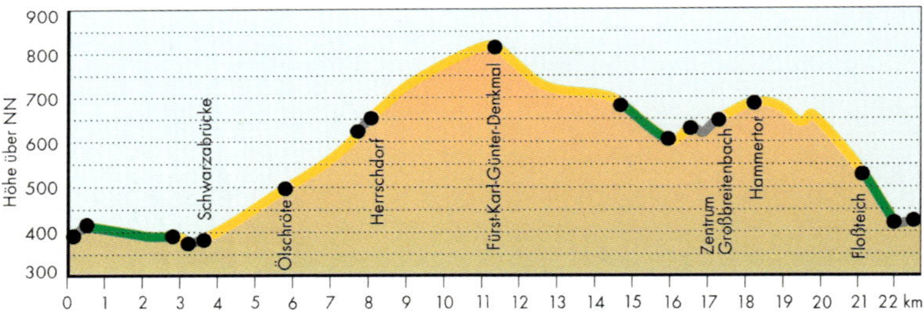

Wegbeschreibung: Wir starten am HP Meuselbach-Schwarzmühle und bleiben zuerst eine Weile auf der rechten Seite der Schwarza, indem wir am Hotel „Waldfrieden“ wenige Meter dem Bach aufwärts gehen, ihn auf der Holzbrücke überqueren und dem nach links biegenden Uferweg zur Schwarza folgen. Leicht abwärts steigend, stoßen wir bald auf die Schienen der Schwarzatalbahn, die wir fast 3 km talabwärts begleiten. Auf dem zumeist „grünen Weg“ kommen wir gut voran und stoßen bald auf einen breiten Wirtschaftsweg, der rechts vom Berg abwärts führend unseren Wanderweg schluckt. Nach ca. 400 m überquert der Weg die Schwarza und trifft auf die Landstraße, die durch das Schwarzatal führt. Auch wir wählen diesen Übergang über die Schwarza, um nun auf der linken Schwarzatal- und Bergseite unsere Wanderung fortzusetzen. Zunächst müssen wir ca. 300 m der Landstraße aufwärts gehen, da am steilen Berghang kein Platz für einen den Wanderern vorbehaltenen Weg mehr blieb. Also Vorsicht, denn zumeist gibt es im Schwarzatal einen recht lebhaften Autoverkehr. Das Junkertal mit seiner breiten Wieseneinmündung ist bald erreicht und wir wählen den Weg auf der linken Seite des Baches (also den Bach nicht überqueren!), um das Tal aufwärts zu wandern.

Der Bach windet sich durch ein mal breiteres und dann wieder engeres Wiesental aufwärts, das Natur in überschäumender Fülle zu bieten hat. Der Weg ist nicht markiert, aber verlaufen kann man sich kaum, wenn man immer im Talgrund bleibt. Nach fast 2 km talaufwärts stoßen wir auf ein rechts abbiegendes Wiesental, welches wir durchqueren. Im wieder erreichten Wald stoßen wir auf einen Wegweiser, der uns anzeigt, dass es nach Herschdorf und zum Langen Berg nun halbrechts entlang eines zweiten rechts abzweigenden Wiesentals aufwärts geht. Von hier sind die zwei Gebäude der ehemaligen Ölschröte zu sehen. Ein Gebäude auf der Wiese, das der Energieversorgung dient, beweist uns, dass wir den richtigen Weg gewählt haben. Nun geht es weiter aufwärts und bald schon können wir auf der anderen Wiesenseite auf der Höhe Häuser der Gemeinde Willmersdorf erkennen. Danach stoßen wir auf die ehemalige Nattermühle, die heute privat genutzt wird. Damwild, Muffelwild, auch Rotwild wird hier in Gattern gehalten. Nach der Nattermühle wechseln wir auf die andere Talseite und über einen steinigen Wirtschaftsweg erreichen wir, nachdem wir den Wald verlassen haben, beim Gebäude der freiwilligen Feuerwehr den Ort Herschdorf, der sich mit seiner hohen Kirche mit dem runden schieferbedeckten Turm in der Landschaft besonders hervorhebt. Wir gehen zuerst auf der Dorfstraße ein kleines Stück nach rechts in Richtung Kirche und biegen gegenüber vom Discounter in die aufwärtsführende Straße, die nach gut 100 m auf die Landstraße von Pennewitz nach Großbreitenbach trifft. Dort gehen wir wieder ca. 50 m nach rechts und erreichen einen Weg, der von der Landstraße bergaufwärts führt. Hier steht ein Hauptwegweiser, der uns anzeigt, dass wir nun auf dem Olitätenrundwanderweg sowie dem Myliusweg befinden, denen wir ein Stück in Richtung Langer Berg folgen können.

Langer Berg: Nordwestliche Flanke des Schwarzburger Sattels, aufgebaut aus Tonschiefern und Quarziten geringer Nährkraftstufe. Der markante Höhenzug von 15 km Länge zwischen Großbreitenbach im SW und Garsitz im NO weist eine Kammlinie meist über 700 m NN auf. Die höchsten Erhebungen sind Stiefelkopf (807 m NN) und Denkmalberg (809 m NN) mit dem Karl-Günther-Denkmal. Der Lange Berg trennt das Thüringer Schiefergebirge vom geologisch viel jüngerem Thüringer Wald. Früher entlang des Berges Eisenerzabbau sowie Dachschiefergewinnung bei Herschdorf und Gillersdorf im Tagebau, heute sind die Steinbrüche unter Schutz gestellte Sonderbiotope. Die ursprünglichen Wälder wurden durch schrankenlose Übernutzung und übermäßige Waldweide im 18. Jh. bis auf Reste vernichtet und von ausgedehnten Beer- und Heidekrautflächen mit Ginster, Wacholder, Birke und Eberesche ersetzt. Dadurch entstanden günstige Biotope für Birk- und Auerhuhn. Nicht Forstwirtschaft, sondern Schaf- und Fohlenweide waren vorherrschende Landnutzung. Im 19. Jh. wurde wieder mühsam aufgeforstet.

Den befestigten Wirtschaftsweg gehen wir bis zum Waldrand. Dort ist ein Wanderparkplatz angelegt, Bankgruppen, eine Schutzhütte und die besonders schöne Aussicht laden zur Rast ein. Unser Blick kann in einem Winkel von 180 Grad am Horizont entlang streifen, ganz links sehen wir die Kesselberge um Bad Blankenburg, dann den Quittelsberg, den Kirchberg mit Fröbelturm bei Oberweißbach, die Meuselbacher Kuppe, den Sendeturm auf dem Bleßberg bei Eisfeld, das Oberbecken des Pumpspeicherwerkes Goldisthal und die Rennsteigwarte auf dem Eselsberg bei Masserberg. Hier vom Parkplatz aus, kann man für den Aufstieg auf den Langen Berg zwei Varianten wählen.

Die erste Variante führt uns aufwärts steigend in den Wald, indem wir der Wegweisung Wurzelkurt Naturlehrpfad folgen. Nach 200 m erreichen wir den Kammweg. Wir wollen zum Gipfel und halten uns deshalb an der Wegekreuzung links. Zunächst leitet uns die gelbe Strichmarkierung, der wir bis zu einer Wegabzweigung folgen. Sie führt dort rechts abwärts, wir aber bleiben links auf dem Wurzelkurtpfad und damit weiter aufwärts auf dem Kammweg. Der Kammweg ist angenehm zu laufen, führt er doch in leichten Bögen, leicht bergauf und

Fürst-Karl-Günther-Denkmal auf dem Langen Berg

leicht bergab durch einen Wald mit viel Unterholz, Heidelbeersträuchern und unterschiedlich alten Baumbeständen, die zumeist aus Fichten und Kiefern aufgebaut sind. Nachdem wir eine Höhe halb umrundet haben, treffen wir auf eine Wegspinne mit Hauptwegweiser. Hier führt vom Kammweg ein Weg, der gelb markiert und zusätzlich als Myliusweg gekennzeichnet ist, links bergab.

Diesen Weg kommt man hoch, wenn man die zweite Variante ab Wanderparkplatz gewählt hat. Diese Variante ist ab Parkplatz als Myliusweg gekennzeichnet und zusätzlich mit dem gelben Strich markiert. Er ist nach Johann Matthias Mylius benannt.

Johann Matthias Mylius: (1634 Oberweißbach – 1678 Großbreitenbach). Sein Vater war Pfarrer in Oberweißbach und hat den Familiennamen Möller latinisiert. Nach Medizinstudium und Approbation Pharmazeut im Marktflecken Breitenbach (seit 1855 Großbreitenbach). Eröffnete hier vor 1660 eine Apotheke und entwickelte in der Folgezeit aus heimischen Heilkräutern und Mineralien sowie ätherischen Ölen, zumeist aus Fichte, Tanne und Wacholder gewonnen, ein Fülle von Balsamen, Ölen, Tinkturen, Essenzen und Pillen. Der Apotheker Mylius wird somit zu einem der ersten Hersteller von Olitäten in Thüringen. Zwischen 1664 und 1678 beschäftigte und schulte er etwa 50 Balsamhändler, die wegen ihres Lederranzens „Raanzer" oder ihres Rückentragegestells „Buckelapotheker" genannt wurden. Bildet junge, begabte Männer zu Laboranten aus. Damit hat er das Laborantenwesen und den Olitätenhandel als Gewerbezweige in der schwarzburgischen Oberherrschaft rechts und links der Schwarza begründet.

Der Myliusweg verläuft 1,6 km am Waldrand entlang (aus Richtung Herschdorf kommend am Wanderparkplatz nach links gehen). Er bietet die ganze Zeit die wunderschöne Aussicht, die wir schon am Parkplatz genießen konnten. Der Weg am Waldrand endet kurz vor einer Häusergruppe und führt abwärts in Richtung Willmersdorf. Hier ist in den Wald hangaufwärts eine Schneise geschnitten, welcher der Myliusweg ca. 100 m aufwärts folgt, um dann nach rechts, den Hang schräg querend, zum Kammweg zu führen.

Da beide Wegevarianten fast gleichlang sind und fast der gleiche Anstieg zu bewältigen ist, ist es gleich, welche Wegvariante wir auswählen. Bei bester Fernsicht wäre für die Variante 2 und bei Regen und starkem Wind aus südlicher und östlicher Richtung für die Variante 1 zu entscheiden.

Vom Hauptwegweiser auf dem Kamm geht es weiter auf dem Kammweg, der auch als Wurzelkurtweg / Myliusweg ausgewiesen ist und ebenfalls die gelbe Strichmarkierung zeigt. Nach ca. 500 m stoßen wir auf die Gaststätte „Fürst-Karl-Günther-Haus", die samstags, sonntags und feiertags von 10.00 – 17.00 Uhr bzw. auf Vereinbarung geöffnet ist. Wer hier rastet, sollte das kleine Gebäude auf dem Kammweg daneben besichtigen, denn es ist als Wilderer-Museum ausgebaut. An seiner Wetterfahne kann man die Wappenzeichen der Schwarzburger, den Kamm und die Gabel, die zum Goldwaschen Verwendung fanden, sehen. Vorbei am Museum geht es nur noch wenige Meter aufwärts bis das z. Zt. restaurierte Fürst-Karl-Günther-Denkmal erreicht ist.

Fürst-Carl-Günther-Denkmal: 1909 angeregt vom Thüringerwald-Verein in Gehren, auf dem Langen Berg einen Turm zu errichten, entstand ein Denkmal für den letzten Fürsten Carl Günther von Schwarzburg-Sondershausen (1830 – 1880 – 1909) an der Grenzlinie seiner Oberherrschaft. Den Entwurf für den Steinbau schuf Architekt Richard Klepzig aus Gotha, das Standbild des Fürsten der Bildhauer Arno Zauche aus Weimar. Der Bronzeguss erfolgte in Berlin. Baubeginn war im April, Denkmalweihe im August 1912. Das Denkmal verband geschickt die Ehrung des an einem Jagdunfall verstorbenen einstigen Landesherrn mit der Erschließung von beeindruckenden Fernsichten und der Gewährung von Schutz für Wanderer in den Vorhallen. Die 3 m hohe Bronzestatue wurde am Ende des Zweiten Weltkrieges zum Einschmelzen nach Hamburg gebracht und ist verschollen. Am Denkmal fanden seit 1991 Instandsetzungsarbeiten statt.

Auch von hier kann man wieder die gute Aussicht genießen, diesmal vor allem in nordwestliche und westliche Richtung nach Möhrenbach und Ilmenau, zum Kickelhahn und zum Schneekopf. Bergkiefern neben dem Denkmal zeigen an, dass wir uns schon auf einer beachtlichen Höhe über NN befinden, nämlich 808 m hoch, und dass in dieser dem Sturm oft ausgesetzten Lage eine Anpassung der Vegetation an extremere klimatische Bedingungen einfach notwendig ist. Ab Denkmal führt unser Weg nun knapp 1 km abwärts und trifft an einer Schutzhütte auf den Waldrand. Von hier hat man wiederum eine gute Sicht auf Großbreitenbach, Gillersdorf, Böhlen und die dahinter liegenden Berge. Wir folgen dem Weg am Waldrand noch ca. 250 m und biegen dann nach links in Richtung Gillersdorf ab. Vorbei an einem Wegweiser an einer Bank

Fürst-Carl-Günther-Brunnen in Großbreitenbach

erreichen wir einen weiteren Wegweiser. Hier treffen wir wieder auf den Olitätenrundwanderweg mit dem Wegezeichen blaues Dreieck, den wir wählen, um nach Großbreitenbach zu gelangen. Wir halten uns rechts, gelangen nach ca. 300 m in den Wald und erreichen nach ca. einem weiteren Kilometer an der Waldkante eine Schutzhütte. Dem hier kreuzenden Wirtschaftsweg folgen wir die wenigen Meter bis zur Straße Großbreitenbach – Pennewitz und überqueren diese. Achtung, reger Autoverkehr! Hier wird oft sehr schnell gefahren!

Dem Olitätenrundwanderweg folgend queren wir den Wald, bis wir an einer Waldkante Großbreitenbach direkt vor uns liegen sehen. Der Weg führt nun am Waldrand auf einem schönen Grasweg leicht abwärts und unser Blick reicht weit über Großbreitenbach hinaus. In Großbreitenbach können wir den Turm von St. Johannis sowie die St. Trinitatis Stadtkirche erkennen, an denen unsere Wanderung vorbei führen wird.

Wieder stoßen wir auf eine Waldkante. Der Olitätenrundwanderweg biegt auf dem hier verlaufenden breiten befestigten Wirtschaftsweg nach rechts ab. Wir aber überschreiten die Straße und setzen unsere Wanderung auf einem etwas zerfahrenen Feldweg direkt durch die Felder in Richtung vor uns liegenden Wald fort. Der Weg biegt etwas später nach rechts und führt uns abwärts ins Roßtal und dann auf einem befestigten Wirtschaftsweg aufwärts direkt auf den Turm St. Johannis zu. Vom Beginn der ersten Häuser von Großbreitenbach bis zum Zentrum rings um den Markt sind es nur noch wenige Meter und so können je nach Zeit und Interessen die Sehenswürdigkeiten von Großbreitenbach – zu denen neben der

Stadtkirche auch das Erste Deutsche Kloßpressenmuseum im Thüringer-Wald-Kreativ-Museum gehört genossen werden. Über Bugtalstraße, Post- und Südstraße gelangen wir auf der anderen Seite von Großbreitenbach wieder an die beginnenden Felder und Wiesen und weiter aufwärts steigend erreichen wir den Waldrand des Vitzberges nahe dem Hammertor, dem Zentrum für Skilanglauf und Biathlon von Großbreitenbach. Hier werden Olympiasieger und Weltmeister gemacht, was angesichts der einfachen Trainingsanlagen kaum zu glauben ist. Hier am Hammertor empfiehlt sich bei der guten Sicht auf die bereits zurückgelegte Wegstrecke am Langen Berg eine Pause, denn von hier geht es nun abwärts ins Schwarzatal nach Katzhütte.

Zunächst führt uns der mit gelbem und rotem Querstrich markierte Weg am Waldrand entlang, vorbei an einer eingefassten Quelle, dem Hauptmannsborn zum beginnenden Amselbachtal. Der Weg durchs Amselbachstal, der an einer Wegespinne mit Sitzgruppe beginnt und mit rotem Querstrich markiert ist, führt ins Zentrum von Katzhütte. Wir bleiben jedoch auf dem Kammweg (markiert mit gelben Querstrich), von dem ein Weg nach ca. 250 m links abwärts zum Gräfenborn führt (Wegweisung). Nachdem wir die Spitze der Waldwiese erreicht haben, auf der die Quelle im Sonnelicht wie eine Metallscheibe glitzert, geht es wieder aufwärts, bis wir wieder den Kammweg mit seiner gelben Markierung erreicht haben. Nun führt der Weg bergab und nach ca. 600 m an einer Wegespinne öffnet sich der Blick auf die Meuselbacher Kuppe und den auf der Wiesenhöhe davor liegenden Häusern von Meuselbach.

Ab hier wird der Abstieg etwas steiler und auch nach der Schutzhütte am Sattel vor dem Steinberg, den wir nach ca. 400 m erreichen, ist der steile Abstieg für uns noch nicht zu Ende, denn nun verlassen wir den Kammweg und gehen nach rechts, Wegweisung Katzhütte und Amselheim, den breiten Wirtschaftsweg hinab, der uns zum Floßteich führt. Der romantische Floßteich half früher mit seinem aufgestauten Wasser das hier geschlagenen Holz den Steinbach hinab zur Schwarza zu flößen. Die gleiche Richtung wählen wir, indem wir der Wegweisung am Teichbeginn in Richtung Katzhütte folgen. Ca. 200 m bleiben wir auf einem naturbelassenen Weg auf gleicher Höhe, bevor uns ein Wegweiser einen steil bergab führenden Weg hinunter zum Uferweg an der Schwarza schickt. Hier können wir entscheiden, ob wir den Weg nach Katzhütte, oder den knapp 2 km längeren Weg zurück nach Meuselbach-Schwarzmühle nehmen wollen. Wir wählen Katzhütte und steigen steil abwärts, erreichen den Uferweg und wenige Meter flussabwärts führt uns eine Brücke über die Schwarza. Durch das Bahnhofsgelände erreichen wir dann den Endbahnhof der Schwarzatalbahn.

TIPP: Wer wieder zum Ausgangsbahnhof in Meuselbach-Schwarzmühle zurück wandern möchte, steigt nach dem Floßteich nicht durch das Steinbachtal zum Bahnhof Katzhütte ab, sondern bleibt auf dem in gleicher Höhe um den Steinberg herum führenden Weg bis er die Satteldelle erreicht. Über den Bergkamm führt der Weg zuerst bergauf, dann abwärts nach Schwarzmühle (gesamt: 24,2 km/ 597 m Anstieg).

Blick von Willmersdorf auf Herschdorf

WANDERUNG NR. 14

„Wie herrlich ist's zum Wandern"

Wegeverlauf: Bf. Katzhütte – Schwarzmühle – Mellenbach – Bf. Mellenbach-Glasbach
Charakter: Streckenwanderung , wenig anstrengend, Wandern links und rechts der Schwarza. Für Kinder ab 6 Jahren geeignet.
Wanderstrecke: 8,8 km
Anstiege: 55 m
Abstiege: 120 m
Höchster Punkt: 416 m
Niedrigster Punkt: 351 m
Kalorienverbrauch: ca. 550 kcal.
Gastronomie: Gaststätten in Katzhütte, Schwarzmühle und Mellenbach-Glasbach

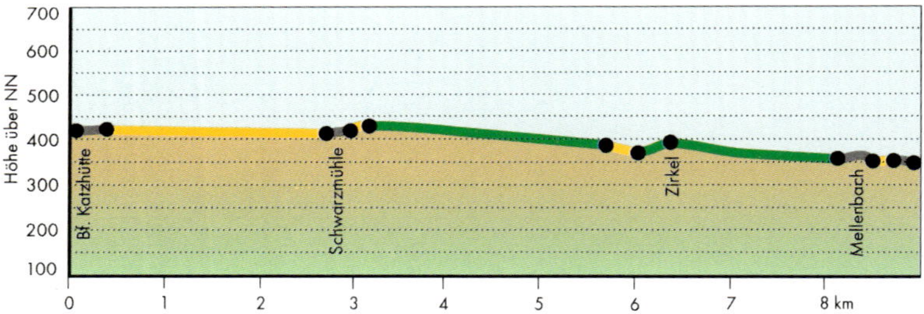

TIPP: Der erste Teil der Wanderung vom Bahnhof Katzhütte bis Haltepunkt Meuselbach-Schwarzmühle ist für Rollstuhlfahrer und Kinderwagen geeignet (3 km / nur 5 Höhenmeter Anstieg).

Wegbeschreibung: Unsere Wanderung beginnt am Ende der Bahnstrecke durch das Schwarzatal, am Bahnhof Katzhütte. Da der Bahnhof am Ortsausgang von Katzhütte liegt und wir der Schwarza abwärts wandern wollen, brauchen wir bei dieser Wanderung nicht in den Ort, sondern wir gehen durch das Bahngelände zur Brücke über die Schwarza, an der wir eben noch mit der Bahn vorbeigefahren sind. Sie bringt uns an das linke Schwarzaufer, an dem wir bis zum nächsten Ort im Schwarzatal, bis Schwarzmühle, einem Ortsteil von Meuselbach-Schwarzmühle wandern. Dem Uferbereich unmittelbar nach dem Bahnhof kann man es stellenweise ansehen, dass er in Zeiten der Schneeschmelze bzw. bei Unwettern vom Wasser der Schwarza überschwemmt wird, ein Problem mit dem auch das Sägewerk, dass wir eine Weile später passieren, hin und wieder zu kämpfen hat. Das Tal, durch das sich die Schwarza hier gegraben hat, ist an manchen Stellen nur 100 m breit, die sich der Fluss, die Bahnlinie und die Landstraße teilen müssen. Die

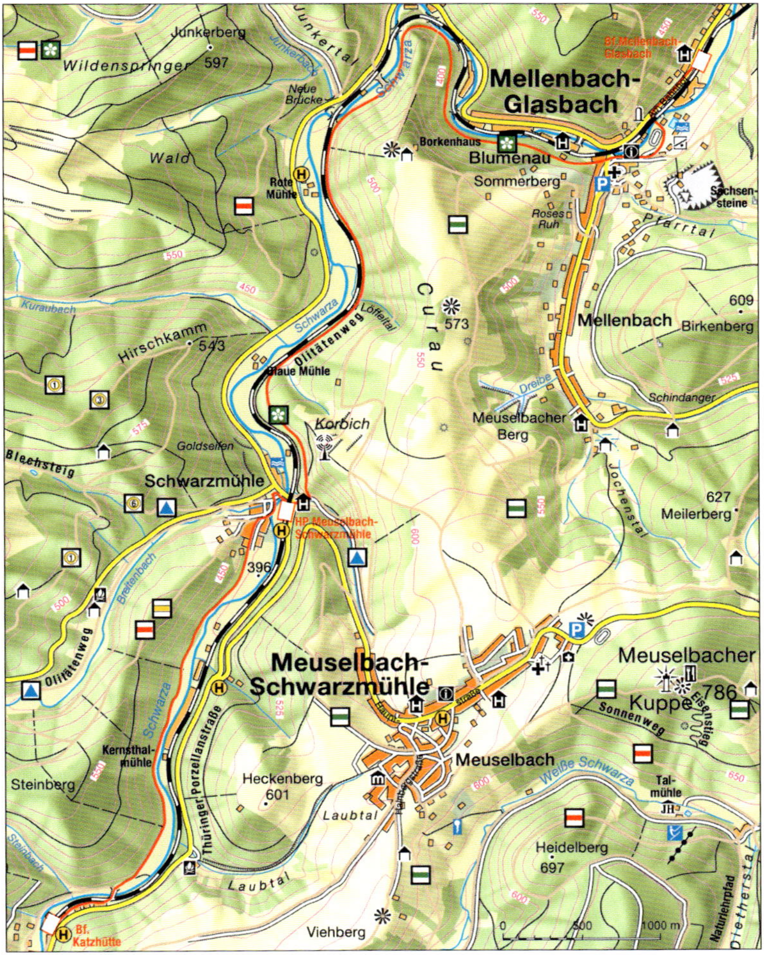

Berghänge an beiden Ufern steigen ca. 200 m an und somit bieten sich dem Wanderer kaum Möglichkeiten in diesem Bereich das Schwarzatal zu verlassen. Damit sind natürlich auch keine Orientierungsprobleme für unsere Wanderung gegeben. Der Fluss zur rechten Hand geleitet uns sicher nach Schwarzmühle.

Den kleinen Ort Schwarzmühle durchqueren wir unmittelbar in Nähe der Schwarza. Nach einer Brücke über den hier in die Schwarza mündenden Breitenbach erreichen wir die Landstraße, die hier ebenfalls die Schwarza überquert und dann am rechten Schwarzaufer nach Katzhütte führt. Wir nutzen die Brücke ebenfalls und gelangen unmittelbar danach nach rechts gehend zum Haltepunkt

Meuselbach-Schwarzmühle und beenden dort.

Nachdem wir die Bahnschienen an der Schrankenanlage überschritten haben, gehen wir den Talgrund neben dem Hotel Waldfrieden aufwärts. Nach wenigen Metern führt links eine kleine Brücke über den Bach, die wir nutzen, um wieder auf den Uferweg entlang der Schwarza zu gelangen. Dazu müssen wir der Wegweisung Zirkel folgen und nach wenigen Metern haben wir den Uferweg erreicht, der uns nun in einem Bogen abwärts ans Schwarzaufer führt. Im wechselnden Abstand zum Fluss und zu den Bahngleisen geht es nun auf wunderschönem Wanderweg der Schwarza abwärts. Hier befindet man sich im Einklang mit der Natur und auch das fast lautlose Vorbeigleiten des modernen Triebwagens der Schwarzatalbahn unterbricht diese besondere Stimmung kaum.

Nach ca. 2,5 km kommt rechts vom Berg ein breiter Wirtschaftsweg herab, dem wir ca. 350 m folgen, bis er über den Fluss und die Bahnschienen auf die Landstraße durch das Schwarzatal mündet. Wir überschreiten die Schwarza nicht, sondern setzen unseren Weg am rechten Schwarzaufer fort. Der Weg wird wieder naturbelassen. Rechts zweigt ein Pfad ab, der am Borkenhäuschen vorbei hoch auf die Curauer Höhe führt. 300 m weiter steigt wieder ein Pfad bergan, der diesmal mit einer Wegweisung nach Mellenbach gekennzeichnet ist. Ihm müssen wir ein Stückchen berauf folgen, denn der Platz am Ufer wird so eng, dass der eigentliche Uferweg endet. Schon nach wenigen Metern Aufstieg haben wir die Stelle erreicht, an welcher der Pfad sich teilt, aufwärts geht es auch hier zum Borkenhäuschen und wieder abwärts nach Mellenbach. Wir wählen den Abstieg und erreichen schon bald wieder das Schwarzaufer. Gegenüber können wir die wenigen Gebäude des Ortsteils Zirkel von Mellenbach erkennen.

Mellenbach-Glasbach, Zirkel.
Hier windet sich die Schwarza in einer Schlinge um die Curau und schuf über Jahrtausende ein weites Halbrund. 1465 heißt ein Waldstück am Schwarzabogen „zcyrgkel". 1478 ist ein Bergwerk bezeugt, eine „fund Gruben ym zcirckeltall". 1550 ist eine Schneidemühle in Betrieb. Früher Haltepunkt der Schwarzatalbahn.

Unser Pfad führt uns im leichten bergauf und bergab am Ufer entlang, bis er am Dorfplatz in Mellenbach endet.

Gegenüber, links von der Kirche, führt die Birkigtgasse bergan, der wir bis zum Abzweig hinunter zum Sportplatz folgen. Durch das Sportplatzgelände gehend, erreichen wir eine Brücke über die Schwarza und ca. 300 m weiter den neu gestalteten Bahnhof von Mellenbach-Glasbach, das Ziel unserer heutigen Wanderung.

Die Schwarza bei Mellenbach-Glasbach

WANDERUNG 15

„In einem kühlen Grunde“

Wegeverlauf: Bf. Katzhütte – Amselbachteich – Bad Hundertpfund – Großbreitenbach – Bf. Katzhütte
Charakter: Rundwanderung, etwas anstrengend, Quellen, Bäche und Teiche in den Seitentälern der Schwarza. Für Kinder ab 12 Jahren geeignet.

Wanderstrecke:	15,3 km
Anstiege:	379 m
Abstiege:	379 m
Höchster Punkt:	692 m
Niedrigster Punkt:	418 m
Kalorienverbrauch:	ca. 1.200 kcal
Gastronomie:	Amselheim und Gaststätte „Duo Henklein“ direkt am Weg und weitere Gaststätten in Katzhütte

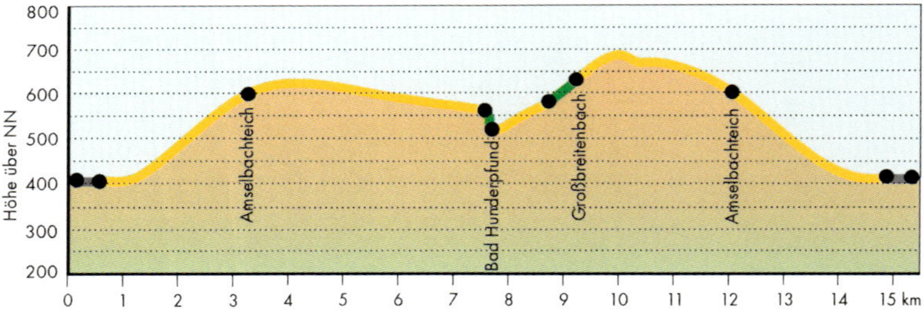

Wegebeschreibung: Um in das Amselbachtal zu gelangen, müssen wir vom Bahnhof Katzhütte in den Ort hinein und damit der Schwarza aufwärts wandern. Nach ca. 300 m in Richtung Ortsmitte kommen wir zur Jugendherberge von Katzhütte, vor der rechts ein schmaler Weg zur Schwarza, und über eine Brücke ans linke Schwarzaufer führt. Dem Schwarzawanderweg flussaufwärts erreichen wir in der Nähe vom Ortszentrum das Amselbachtal. Natürlich kann man auch direkt durch den Ort – immer der Bahnhofstraße aufwärts, bis sie nach der Brücke über die Schwarza auf die Ölzer Straße stößt, hier wenige Meter rechts und dann links ins Amselbachtal einbiegen – aber der Weg am Ufer entlang ist lohnender. Kurz bevor wir wieder die Hauptstraße erreichen, biegen wir rechts ins Amselbachtal ein und steigen den gut ausgebauten Wirtschaftsweg aufwärts. Er bringt uns zum Amselheim, einer Ausflugsgaststätte von Katzhütte. Rechts am Amselheim vorbei geht es weiter aufwärts und indem wir der roten Strichmarkierung, folgen erreichen wir nach längerem Anstieg den wunderschön im Wiesental gelegenen Amselbachteich. Nun gehen wir über den Damm nach links und folgen am Waldrand an der Wegspinne dem mittleren Weg, der kaum merklich ansteigend

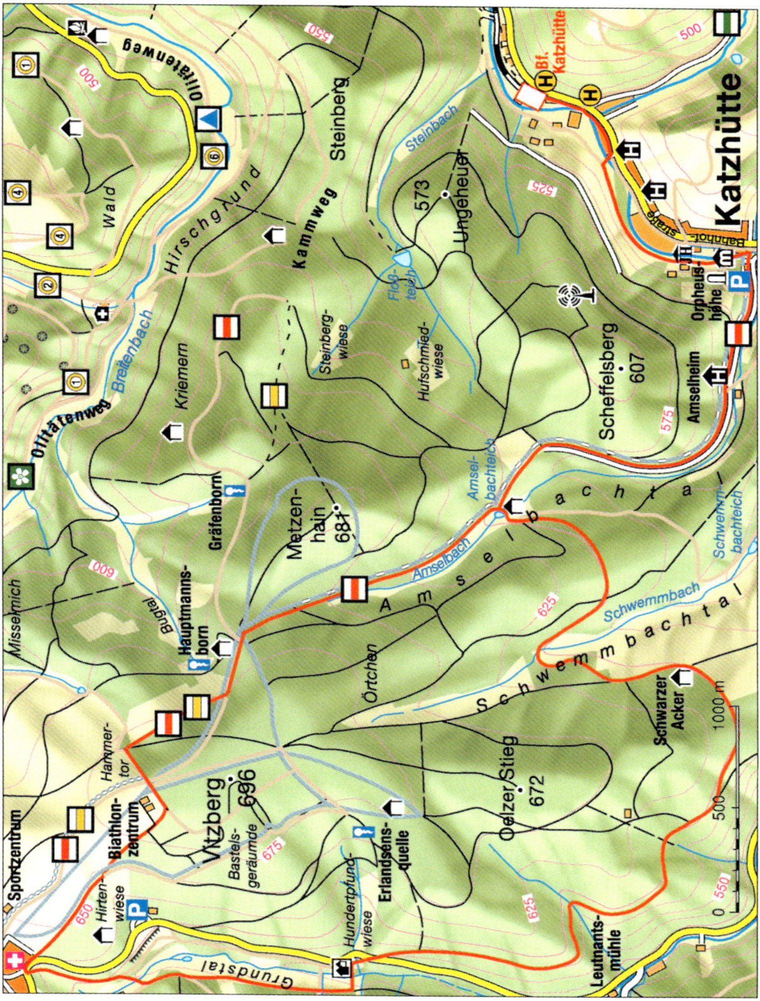

in einem großen Bogen ins Schwemmbachtal führt. Hier stoßen wir an das obere Ende einer Waldwiese und indem wir uns nun südlich halten erreichen wir nach einer kurzen Waldpassage wiederum diese Wiese an einem Holzsammelplatz. Hier und entlang des Wiesenrandes haben wir einen schönen Blick auf die Berge östlich und südlich von Katzhütte, von der Meuselbacher Kuppe bis zum Wurzelberg und Großen Farmdenkopf, auf dem sich das Oberbecken vom Pumpspeicherwerk Goldisthal befindet.

An einem der Wiese abwärts führenden Weg treffen wir auf eine Schutzhütte „Schwarzer Acker", die ihren Namen den Äckern verdankt, die sich hier einmal befanden. Wir bleiben noch ein Stück am Waldrand, bevor der Weg wiederum in einem Bogen in nördliche Richtung hin zum Grundstal führt. Zunehmend abwärts wandernd, erreichen wir die Landstraße, die Katzhütte mit dem Olitätenort Großbreitenbach verbindet.

Links der Straße liegt eine Feriensiedlung mit der Bezeichnung Bad Hundertpfund. Diese durchqueren wir abwärts, überschreiten den Grundsbach und steigen auf der anderen Seite wieder ein paar Meter bergan bis wir einen schönen Waldweg erreichen, der uns das Tal aufwärts führt. Wieder geht es an einer schönen Waldwiese entlang und nach fast genau 1 km erreichen wir ein paar Bungalows, die früher zu einem Ferienlager gehörten. Hier biegt rechts ein Weg zum Bach, und über eine kleine Holzbrücke gelangen wir auf einen Pfad, der den Berg hinan führt. An einer gefassten Quelle geht es vorbei, bevor wir nun zum zweiten Mal die Landstraße Katzhütte – Großbreitenbach erreichen, diesmal direkt am Ortseingang von Großbreitenbach.

TIPP: Das Stadtzentrum mit dem Wald-Kreativ-Museum, dem Glockenturm „St. Johannis" und der St. Trinitatiskirche ist fast einen Kilometer entfernt. Wer es besichtigen will, folgt der Landstraße, die hier Neuhäuser Straße heißt, nach links, biegt an der ersten rechts abgehenden Straße – Friedrich-Ebert-Straße – rechts ein, geht dann der Schulstraße nach links bis rechts die Poststraße abgeht und folgt ihr abwärts bis ins Zentrum. Der Weg zurück bis zum Vitzberg wird in der Wanderung 13 beschrieben.

Hier am Ortseingang halten wir uns scharf rechts und steigen einen alleenartigen Weg am Waldrand bergan. Wir überqueren ein Stückchen leicht bergab eine Lichtung mit Hochspannungsleitungen und dann geht es wieder am Waldrand weiter bergauf bis wir am Vitzberg das Biathlon-Trainingsgelände erreichen.

Biathlonzentrum Großbreitenbach: Großbreitenbach liegt 600 m und mehr über Meereshöhe und ist im Norden, Westen und Süden von Bergen umrahmt, die über 800 m reichen. Damit sind gute natürliche Bedingungen für den nordischen Skisport gegeben. Die einfachen Anlagen, die wir am Hammertor durchwandern, werden vor allem für den Nachwuchs genutzt. Auch im Sommer kann man hier trainierenden Sportlern begegnen oder als Zuschauer an Wochenenden Wettkämpfe erleben, zu denen Nachwuchssportler aus ganz Thüringen angereist kommen. Das hier solche erfolgreichen Athleten wie Andrea und Manuela Henkel, Janet Klein und Peter Sendel zu Hause sind, überrascht etwas, denn trotz 100 Jahre Skisport in Großbreitenbach gehörte der Ort nie zu den ganz großen Wintersportorten in Deutschland. Die Spitzenleistungen sind Resultat einer ausgezeichneten Nachwuchsarbeit, die zum „Entdecken" und zur Entwicklung der großen Talente führte, die hier in Großbreitenbach, so wie auch anderswo in den Höhenorten des Thüringer Waldes vorhanden sind.

Nach links, am Hammertor vorbei, geht es auf dem mit gelben und roten Querstrich markierten Weg dem Waldrand entlang bis von rechts eine Wiese einmündet. Wir folgen auch hier dem Waldrand und vor-

Die Quelle Gräfenborn bei Großbreitenbach

bei an einer gefassten Quelle, erreichen wir an einer Sitzgruppe das obere Ende vom Amselbachtal. Der Weg durch dieses Tal ist mit einem roten Querstrich markiert und nach einem guten Kilometer bergab erreichen wir wieder den Amselbachteich. Nun geht es auf gleichem Weg wie zu Beginn unserer Wanderung zurück zum Bahnhof von Katzhütte.

WANDERUNG NR. 16

„Hörst Du das Lied der Berge"

Wegeverlauf: Busbahnhof Neuhaus – Schwarzaquelle – Oberbecken Pumpspeicherwerk Goldisthal – Wurzelberg – Bf. Katzhütte
Charakter: Streckenwanderung, sehr lohnend, aber wenig anstrengend

Wanderstrecke:	18,1 km
Anstiege:	359 m
Abstiege:	767 m
Höchster Punkt:	846 m
Niedrigster Punkt:	418 m
Kalorienverbrauch:	ca. 1.300 kcal
Gastronomie:	Gaststätten in Neuhaus und Katzhütte. Unterwegs keine Möglichkeiten zur Einkehr.

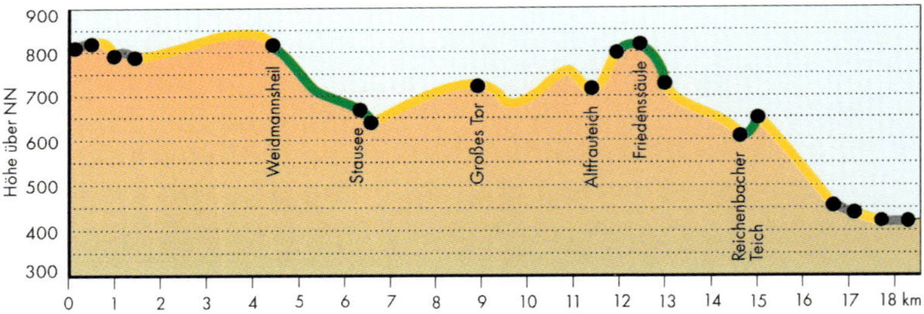

Wegbeschreibung: Wir fahren zuerst mit dem Bus nach Neuhaus und steigen dort am Busbahnhof aus. Damit sind wir nur wenige Meter vom Rennsteig entfernt, auf dem wir die ersten Kilometer dieser Wanderung zurücklegen wollen. Der Rennsteig ist mit dem weißen R und ab der Ampelkreuzung in Neuhaus mit dem blauen Andreaskreuz für den Fernwanderweg Eisenach–Budapest so gut markiert, dass wir am Anfang nur darauf achten müssen, in die richtige Richtung zu starten.

Wir wollen dem Rennsteig ein Stück in Richtung Werra folgen und gehen vom Busbahnhof zuerst zur großen Ampelkreuzung, an der die Hauptverkehrsstraße ins Zentrum von Neuhaus hinab führt.

Neuhaus: 1571/72 entstand an den Wiesen bei der Schmalen Buche, einem Grenzbaum am Rennsteig, ein Viehhof der Grafen von Schwarzburg mit Wohnhaus für den Hirten. Solche Willen- oder Wildenställe waren zum „Sömmern" von Rindern und Pferden gebaut. Tagsüber trieb der Willenhirt die Herde auf die Gebirgswiesen, nachts in den schützenden Stall. Graf Albert Anton (1641–1662–1710) ließ 1665/69 über der Schmalen Buche ein Jagdhaus, das „Herrenhaus", daneben ein Wohnhaus – „das Neue Haus" – errichten. Kurz danach ist die Holzkirche geweiht worden. 1686 kam zur Versorgung der Jagdgäste eine herrschaftliche Schenke mit eigenem Brauhaus dazu.

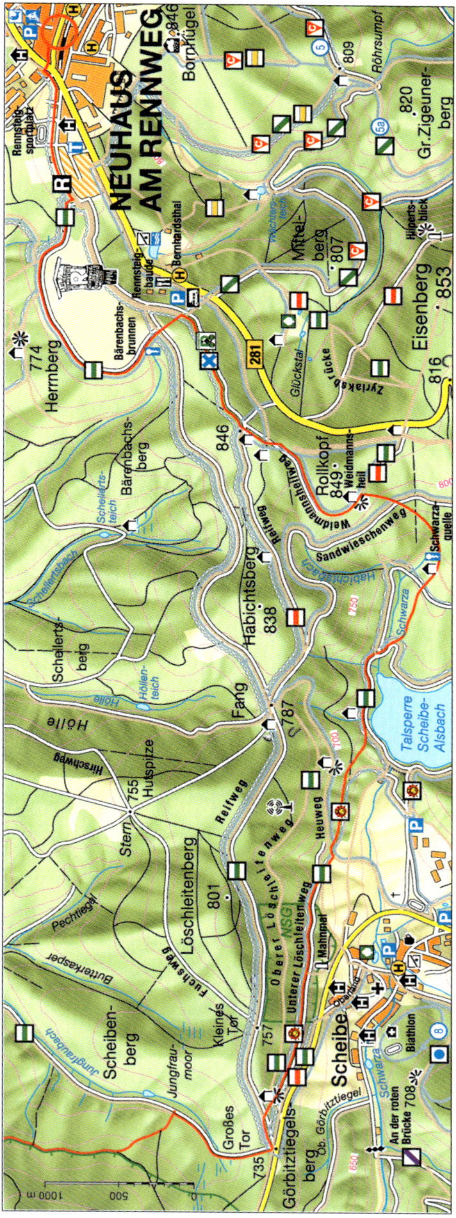
NEUHAUS
AM RENNWEG
Bornhügel
846
809
Röhrsumpf
820
Gr.Zigeuner-
berg
Rennsteig-
sportplatz
Bernhardsthal
Rennsteig-
baude
Wächters-
teich
Mittel-
berg
807
Hüllperts-
blick
Eisenberg
853
816
Zyriaksbrücke
Glückstal
281
Bärenbachs-
brunnen
774
Herrnberg
Bärenbachs-
berg
846
Rollkopf
849
Weidmanns-
heil
Weidmannsheilweg
Reifweg
Schellerts-
teich
Sandwieschenweg
Schwarza-
quelle
Schellertsbach
Habichtsbach
Habichtsberg
838
Schwarza
Schellerts-
berg
Höllen-
teich
Hölle
Fang
787
Talsperre
Scheibe-
Alsbach
Hirschweg
755
Hutspitze
Stern
Reifweg
Heuweg
Oberer Löschleitenweg
Löschleitenberg
801
Pechtiegel
Unterer Löschleitenweg
NSG
Mahnmal
Butterkasper
Fuchsweg
Kleines
Tor
757
Scheiben-
berg
Jungfrau-
moor
Jungfraubach
Scheibe
Biathlon
Großes
Tor
Görbitztiegels-
berg
735
Ob. Görbitztiegel
An der roten
Brücke 708
650
750
800
0
500
1000 m

1715 bestand eine fürstliche „Stuterey". Der Ort entwickelte sich in rauer Lage durch Holzverarbeitung (Schindeln, Spanschachteln) und Glaswarenherstellung (Perlen, Hutschmuck, später Wettergläser, Thermometer). Eine Porzellanfabrik entstand 1834. Die Orte Igelshieb, Schmalenbuche und Neuhaus wuchsen zu einer Großgemeinde zusammen, die 1933 Stadtrecht erwarb und 1952 zur Kreisstadt aufstieg. Jetzt zum Kreis Sonneberg gehörig.

Wir bleiben auf der Höhe, überqueren die Eisfelder Straße und biegen nach dem Fotofachgeschäft rechts in die Straße „Am Rennweg" ein. Am Sportplatz vorbei, dann ein Stück am Waldrand entlang erreichen wir das Gewerbegebietes Herrenberg. Hier verlassen wir den Rennsteig, um zum Panoramablick zu gelangen. Dazu folgen wir an der Bitumenstraße, auf der wir kurz vor dem Ende des Waldrandes stoßen, der Wegweisung Panoramablick / Herrenberg und biegen rechts den zu Beginn mit Betonplatten ausgelegten Weg ein. Er führt uns in einem Halbkreis rund um das Gewerbegebiet Herrenberg. Nach ca. 600 m führt links ein schmaler Weg mit einigen Stufen hinauf zum Panoramablick. Hier sollte man bei gutem Wetter unbedingt Zeit einplanen, um sich über das Gebiet, das wir anschließend erwandern wollen, einen ersten Eindruck zu verschaffen.

Panoramablick: Von Westen nach Norden kann man das Oberbecken vom Pumpspeicherwerk Goldisthal am Großen Farmdenkopf, den Wurzelberg, im Hintergrund den Beerberg und Schneekopf bei Oberhof, den Langen Berg bei Herschdorf, die Meuselbacher Kuppe und den Hettstedt links und rechts von Cursdorf, erkennen. Mit Schautafeln wird die Aussicht erläutert, so dass es leicht fällt, das zu Sehende auch mit den richtigen Namen zusammenzuführen. Natürlich können wir auch sehen, dass der Weg zum Oberbecken und zum Wurzelberg, die wir beide heute noch auf halber Wegstrecke passieren wollen, noch weit ist und wir setzen deshalb schon bald unsere Wanderung fort.

Dazu steigen wir wieder zum Stadtpanoramaweg hinab und umrunden entgegen dem Uhrzeiger das Gewerbegebietgebiet. Wir treffen auf einen breiten mit Kies belegten Wirtschaftsweg, von dem wir sofort nach rechts zum Rennsteig abbiegen. Den Rennsteig erreichen wir in Höhe der Rennsteigbaude, danach kommen wir am Parkplatz vorbei und stoßen auf die Landstraße, die von Saalfeld nach Eisfeld führt.
Auf dem nun folgenden Kilometer können wir mehrere alte Grenzsteine bewundern, die ausweisen, dass der Rennsteig nicht nur ein Höhenweg, sondern auch ein Grenzweg verschiedener Herrschaftsgebiete war. An der zweiten Schutzhütte verlassen wir den Rennsteig und folgen der Empfehlung einer an einem Baum angebrachten Tafel zur Schutzhütte „Weidmannsheil". Der Blick von hier auf die Talsperre „Scheibe-Alsbach" und die sie umgebenden Berge ist wirklich lohnenswert und wir genießen ihn, bevor wir über die Schwarzaquelle zur Talsperre hinab steigen. Wir wählen nicht den allgemein üblichen Weg, der uns wieder zum Rennsteig, diesen entlang bis zum Sandwieschen und von dort einen Wurzelpfad abwärts zur Quelle führen würde, sondern steigen einen links von der Hütte unmarkierten Pfad abwärts. Er schlängelt sich durch wechselnde Baumbestände immer quer zum Hang, bis er auf einem Wirtschaftsweg, dem Sandwieschenweg stößt. Nach

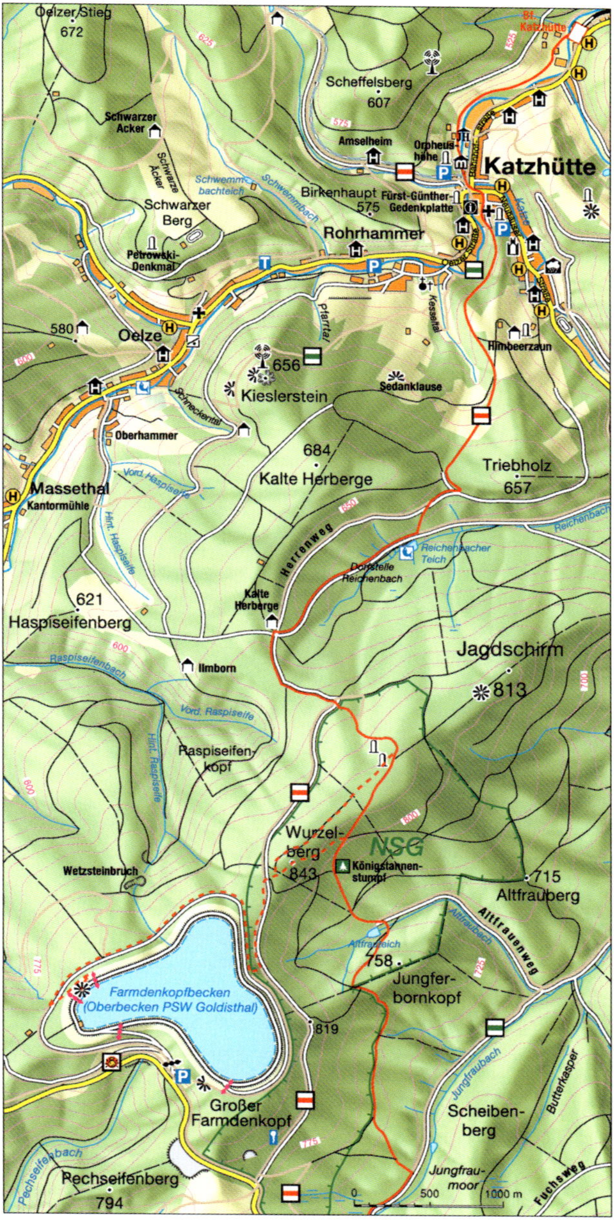

Oelzer Stieg
672
Bf. Katzhütte
Scheffelsberg
607
Schwarzer Acker
Schwarze Äcker
Amselheim
Orpheus-höhe
Katzhütte
Schwemmbachteich
Schwemmbach
Birkenhaupt
575
Fürst-Günther-Gedenkplatte
Schwarzer Berg
Petrowski-Denkmal
Rohrhammer
Pfarrtal
Kesseltal
Katze
Himbeerzaun
580
Oelze
656
Kieslerstein
Sedanklause
Schneckental
Oberhammer
684
Kalte Herberge
Triebholz
657
Massethal
Kantormühle
Vord. Haspiseife
Hint. Haspiseife
Reichenbach
Reichenbacher Teich
Dorfstelle Reichenbach
Herrenweg
Kalte Herberge
621
Haspiseifenberg
Raspiseifenbach
Ilmborn
Jagdschirm
813
Vord. Raspiseife
Hint. Raspiseife
Raspiseifen-kopf
Wurzel-berg
843
NSG
Königstannen-stumpf
Wetzsteinbruch
715
Altfrauberg
Altfrauenweg
Altfraubach
Altfrauteich
758
Jungfer-bornkopf
Farmdenkopfbecken
(Oberbecken PSW Goldisthal)
819
Jungfraubach
Butterkasper
Großer Farmdenkopf
Scheiben-berg
Pechseifenbach
Rechseifenberg
794
Jungfrau-moor
Fuchsweg
0
500
1000 m

links geht es über das Sandwieschen nach Limbach, wir gehen wenige Meter nach rechts und folgen gleich links dem Pfad weiter abwärts zur Schwarzaquelle.

Wer in Kenntnis des tiefen Kerbtales der Schwarza hier eine reich sprudelnde Quelle erwartet hat, wird enttäuscht sein. Mit großer Mauer wurde hier 1855 ein Rinnsal gefasst, dass kaum den Namen Quelle verdient. An einer Tafel kann man sich darüber informieren, dass die Schwarza in 717 m über NN entspringt, das Quellwasser in allen Jahreszeiten eine konstante Temperatur von 6,1 Grad Celsius hat und dass es an einer Bruchspalte zwischen Schiefer und Sandstein aufsteigt.

Der Pfad führt weiter abwärts und nach ca. 800 m erreichen wir das Ufer des Stausees Scheibe-Alsbach direkt an der Einmündung der Schwarza in den See. Wir folgen dem Uferweg nach rechts, und verlassen es an einer Schutzhütte nach rechts leicht aufwärts steigend auf einem Pfad, der in den Wald hinein führt und als Waldweg nach Scheibe-Alsbach ausgewiesen ist. Am Triebelsköpfchen zur linken Hand vorbei geht es abwärts, bis wir auf den Löschleiteweg treffen. Dieser Wirtschaftsweg führt links zum Fuß der Staumauer und nach rechts über das „Große Tor" zum Wurzelberg. Wir halten uns rechts und wählen an einer Wegkreuzung unmittelbar unter einer elektrischen Überlandleitung den aufwärts führenden Weg. Obwohl der Weg sehr oft sehr feucht ist, lässt es sich hier im Mischwaldbestand gut wandern, denn hin und wieder öffnet sich nach links der Blick auf Scheibe-Alsbach und das beginnende Schwarzatal und der Anstieg wird erst im letzten Streckenabschnitt vor dem „Großen Tor" etwas beschwerlich. Nachdem wir fast 2,5 km dem Löschleiteweg bergan gestiegen sind, erreichen wir das „Große Tor", direkt an der Straße gelegen, die mit dem Talsperrenbau notwendig wurde, um die Straßenverbindung durch das Schwarzatal, die mit dem Bau des Unterbeckens überflutet wurde, zu ersetzen.

Vom Hauptwegweiser „Großes Tor" gehen wir auf dem Löschleiteweg in Richtung Neuhaus und dann gleich den links abwärts führenden Weg hinab ins Jungfraubachtal. Nach 700 m stoßen wir rechts auf die Dammreste eines ehemaligen Teiches. Hier führt links ein geschotterter Weg den Berg hinauf, dem wir folgen. Nach der kurzen Schotterstrecke teilt sich der Weg. Wir bleiben rechts und erreichen nach ca. 200 m eine Waldwiese zur rechten Hand. Hier zweigt rechts ein Wiesenweg ab. Wir bleiben auf dem linken Hauptweg und erreichen nach ca. 800 m an einer kleinen Lichtung eine Wegspinne. Nun folgen wir der Wegweisung Altfrauteich über die kleine Lichtung einem nach links abwärtsführenden Weg. Dieser ist steinig und etwas ausgefahren und führt uns nach 400 m zum Damm des Altfrauteiches.

Am anderen Ende des Dammes überqueren wir auf einer kleinen Holzbrücke den Altfraubach und steigen den dort entlang führenden Wirtschaftsweg bergan. Wir erreichen eine alte kleine Schutzhütte und folgen hier der Wegweisung Wurzelberg weiter bergan. Eine Weile später sehen wir, dass hinter einem Wildzaun Tannen gepflanzt wurden und kurz danach treffen wir auf die Reste der ehemaligen „Königstanne".

Riesentannen auf dem Wurzelberg: Zwischen dem Wurzelberg-Jagdhaus und dem Altfrauteich standen die vielgerühmten Riesentannen. 1868 wuchsen auf nur

12 ha Fläche noch 119 starke Weißtannen. Ein Jahrhundert zuvor hatte der Oberforstmeister Carl Christoph von Lengefeld (1715 – 1775) die Erhaltung dieser Tannen angeregt. Oberförster Franz Liebmann (1808 – 1877) benannte die größten Exemplare mit Namen bedeutender Forstleute und Naturwissenschaftler: Cotta, Hartig, Pfeil, König, Burgsdorf, Hundeshagen, Heyer, Humboldt. Auch eine Günther-Tanne gab es nach dem häufigsten Namen derer von Schwarzburg. Diese Tannen erreichten Ende des 19. Jh. ihre natürliche Altersgrenze. Nur wenige Tannen davon waren im 20. Jh. noch grün. Ihr Alter wurde auf 300 – 400 Jahre geschätzt. Die bekannteste Weißtanne war die Königstanne, die mit 47 m Höhe Deutschlands größte Weißtanne war, ihr Brusthöhendurchmesser betrug 2,45 m. 1946 zusammengebrochen. Die Tanne ist nach dem bekannten Forstklassiker Gottlob König benannt.

Den aufwärts führenden Weg weitere 250 m folgend, finden wir an einer Wegabzweigung weitere Wegweiser.

TIPP: Wer auf der Wanderung zur Aussichtsplattform auf dem Damm des Oberbeckens des Pumpspeicherwerkes Goldisthal aufsteigen möchte, um das Bauwerk kennen zu lernen und die Aussicht zu genießen (zusätzlich 5,4 km Wegstrecke und 84 Höhenmeter Aufstieg), der folgt der Wegweisung Scheibe-Alsbach zum Reifweg. Vom Wegweiser Triangel geht es in Richtung Großes Tor bzw. Scheibe-Alsbach, bis nach ca. 400 m rechts der Aufstieg zur Aussichtsplattform angezeigt wird. Im großen Bogen am Fuße der Staumauer entgegen den Uhrzeigern wird man zur Aussichtsplattform geführt. Auf dem gleichen Weg geht es dann wieder bis zum Hauptwegweiser Triangel zurück von dort steigt man dann direkt auf den Wurzelberg und auf dem Kamm bleibend, erreicht man die Wurzelbergwiese mit der Friedenssäule.

Pumpspeicherwerk Goldisthal: 1.060 MW-Kavernenkraftwerk, seit 2003/04 betrieben. Erste ingenieurgeologische Erkundungen, Holzeinschlagsarbeiten und Straßenbau begannen schon 1974/75, seit 2003 arbeitet der erste Pumpspeichersatz im Dauerbetrieb. Das Oberbecken liegt auf dem Wurzelberg und hat ein Nutzvolumen von 12 Mio. m^3, ausreichend für 8 Stunden Turbinenvolllastbetrieb. Zwei Oberwasserstollen mit Stahlpanzerung (817 m lang, Durchmesser 6,2 m) verbinden das Einlaufwerk am Oberbecken mit den Turbinen der Maschinenkaverne. Dieser gewaltige Hohlraum tief im Berg hat die Abmessungen 137 x 26 x 49 m, hier sind 4 Pumpturbinen installiert. Daneben ist eine kleinere Kaverne für die 4 Blocktransformatoren bergmännisch aufgefahren worden. Zwei betonausgekleidete Unterwasserstollen (276 m lang, Durchmesser 8,2 m) stellen über das Auslaufwerk die Verbindung mit dem Unterbecken her. Im Unterbecken wird die Schwarza durch einen 67 m hohen Damm auf 2,4 km Länge und bis zu 0,9 km Breite gestaut. Hier ist eine Kleinkraftanlage installiert, die den Eigenbedarf des Pumpspeicherwerkes im Notbetrieb absichert. In Spitzenbelastungszeiten kann sehr schnell auf die Energiepotenz des Oberbeckens zurückgegriffen werden, mit billigem „Nachtstrom" wird aus dem Unterbecken nach oben gepumpt. Die Anlage entwickelt sich zunehmend zu einer Touristenattraktion, per Bus können die Maschinenkavernen und die gewaltigen Staubecken mit sachkundiger Führung nach Anmeldung erlebt werden.

Wir folgen der Wegweisung Wurzelbergwiese bergan und erreichen nach knapp 500 m auf einem in der Höhe des Wurzelberges etwas feuchten Weg die Wurzelbergwiese mit der Friedenssäule.

Wurzelberg: Gebirgsblock im „hohen Walde" mit Farmdenkopf (868,5 m NN) und Jagdschirm (813 m NN) als höchste Erhebungen. Der Frauenbach erschließt sehr alte geologische Strukturen, die Frauenbachschichten des Ordoviziums. Standort eines fürstlichen Jagdhauses in Achteckform mit laternenartigem Turm („Salon") in 828 m NN, das 1747 erbaut wurde. Ein einfacher Vorgängerbau war durch Sturm 1732 zerstört worden. Ein großes Jagdgatter für Rotwild bestand bis 1837, im Forstrevier Katzhütte bis 1840. Ein Naturschutzgebiet, die „Wurzelbergfarmde" ist 1961 im floristischen Grenzbereich der Vegetationseinheiten hochmontaner Buchenwald auf saurem Standort und Wollreitgras-Bergfichtenwald ausgeschieden. Hier stehen die höchsten natürlichen Buchenvorkommen des Schiefergebirges. Auf der Moosbergebene beherrscht seit 2000 das Oberbecken des PSW Goldisthal mit 55 ha Wasserfläche und etwa 80 ha Gesamtareal das Bergmassiv.

Von der Friedenssäule steigen wir nun links abwärts zur Wurzelberghütte, die sich am nord-östlichen Hang des Wurzelberges unmittelbar neben einer gefassten Quelle befindet und die rundum Natur pur zu bieten hat. Ein ebenso naturbelassener Pfad führt von hier weiter abwärts und stößt nach einigen Kehren auf den Wirtschaftsweg, der vom Hauptwegweiser Triangel kommend, hinunter nach Katzhütte führt. Er ist mit einem roten Querstrich markiert und wir folgen ihn abwärts in Richtung Katzhütte. Über den Hauptwegweiser Fuchstanne erreichen wir an einer breiten Schneise einer Hochspannungsleitung den Hauptwegweiser Wenzels Geräumde und wählen hier dem an der Schneise abwärtsführenden Weg in Richtung Reichenbach. Vorbei an einer Wildfütterung gelangen wir ins Reichenbachtal und zum Reichenbacher Teich.

Reichenbacher Teich: Zwischen den Gipfeln des Wurzelberges/Jagdschirmes und der Kalten Herberge hat der Reichenbach ein bewaldetes Tal geschaffen, das nach Nordost ins Tal der Katze mündet. Schon vor mehr als 400 Jahren wurde in diesem Tal der Reichenbacher Teich zur Unterstützung der Arbeit der Holzfäller und -flößer angelegt. Später, als die Fürsten von Schwarzburg-Rudolstadt das Gebiet des Wurzelberges intensiv als Jagdgebiet nutzten und sich häufig im Jagdhaus auf dem Wurzelberg aufhielten, diente der Teich dem Fischfang. Mit der Entwicklung der Industrie in Katzhütte wurde sein Wasser zum Antrieb von Turbinen genutzt. Heute ist der Teich ein gern genutztes Angelgewässer, das vom Angelverein Katzhütte als erhaltenswertes Biotop intensiv gepflegt wird. Am Ufer des Teiches, in dem sich Himmel und Wolken, aber auch die den Teich umgebende ursprüngliche Natur spiegelt, lässt sich gut rasten und entspannen.

Kurz nach einer Informationstafel am Wirtschaftsweg in Höhe des Dammes biegt links ein Pfad mit der roten Strichmarkierung in den Wald ein und führt uns zum Herrenweg, dem wir ca. 60 m nach rechts folgen, um dann links abbiegend über einen Wiesenstreifen (Gasleitung) bergan zu wandern (Wegweisung Klause). 50 m weiter stoßen wir auf eine Wegspin-

Der Altfrauteich am Wurzelberg

ne, an der wir die Wegweisung Platzwiesen finden und der wir bergab zum Wiesenrand folgen. Der Weg führt am Ende der Wiese wieder in den Wald und ist immer noch rot markiert. Nach knapp 600 m erreichen wir wieder eine Wiese, diesmal auf der rechten Seite, und nach weiteren 600 m erreichen wir an der Barockkirche das Zentrum von Katzhütte. Vorbei am Herrenhaus und an der Heimatstube geht es nach links zur Straßenkreuzung an der Schwarza. Diese wird überquert und gleich danach führt uns der Uferweg der Schwarza abwärts bis zur Brücke an der Jugendherberge. Über sie erreichen wir die Bahnhofsstraße, der wir abwärts zum Bahnhof Katzhütte folgen.

WANDERUNG NR. 17

„Auf, Du junger Wandersmann"

Wegeverlauf: Bergbahn Bergstation – Oberweißbach – Leibisberg – Felsenhäuschen – Unterweißbach – Bf. Sitzendorf-Unterweißbach
Charakter: Streckenwanderung, wenig anstrengend. Viel Sehens- und Erfahrenswertes im Thüringer Kräutergarten. Für Kinder ab 10 Jahren geeignet.
Wanderstrecke: 9,0 km
Anstiege: 145 m
Abstiege: 500 m
Höchster Punkt: 707 m
Niedrigster Punkt: 309 m
Kalorienverbrauch: ca. 600 kcal
Gastronomie: Gaststätten in Lichtenhain, Oberweißbach und Unterweißbach

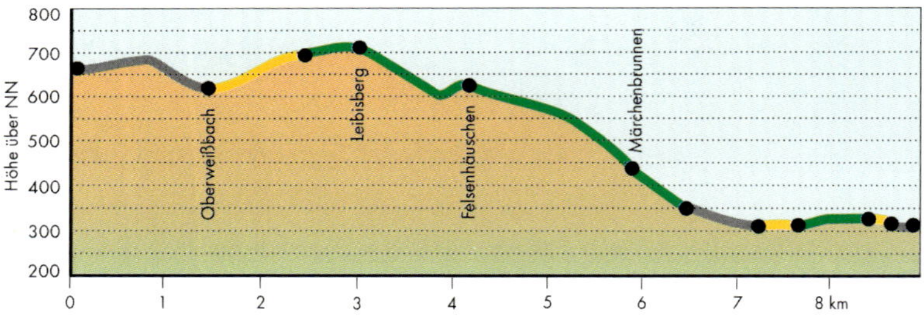

Wegbeschreibung: Wir verlassen das Gebäude der Bergstation der Bergbahn und folgen am Hauptwegweiser „Am Bahnhof" der Ausschilderung in Richtung Oberweißbach. Lichtenhain ist durch eine Straße mit Oberweißbach verbunden, welche die Bahnschienen der Flachstrecke der Bergbahn nach Cursdorf kreuzt und zwischen Galgenhügel und Falkenhügel entlang hinunter ins Stadtzentrum führt. Sie führt uns an der Hoffnungskirche, die unter der Bezeichnung Dom von Südthüringen bekannt ist, vorbei, direkt zum Geburtshaus von Friedrich Fröbel. Kirche und das Fröbel-Museum sollten unbedingt besucht werden, bevor wir den Weg in Richtung Leibisberg fortsetzen.

Hoffnungskirche: 1767 bis 1779 als größte Dorfkirche in Thüringen erbaut („Südthüringer Dom"). Der schiefe Turm, drei Emporengeschosse, eine riesige Kanzel und die sehr große Orgel sind ihre Merkmale. Sie bezeugt den Wohlstand und die Steuerkraft der Bürger von Oberweißbach durch Herstellung (Laborantenwesen) und Vertrieb (Buckelapotheker) von Olitäten im 18. Jh., hinterließ dem Kirchspiel trotz finanzieller Hilfe durch das Fürstenhaus dennoch einen drückenden Schuldenberg. Die Neigung des Kirchturms führte zur Verformung des Baukörpers. Die Aufmauerung von sieben Strebpfeilern an der Ostflanke löste die Statikprobleme nicht, auch die Instandsetzungsarbeiten

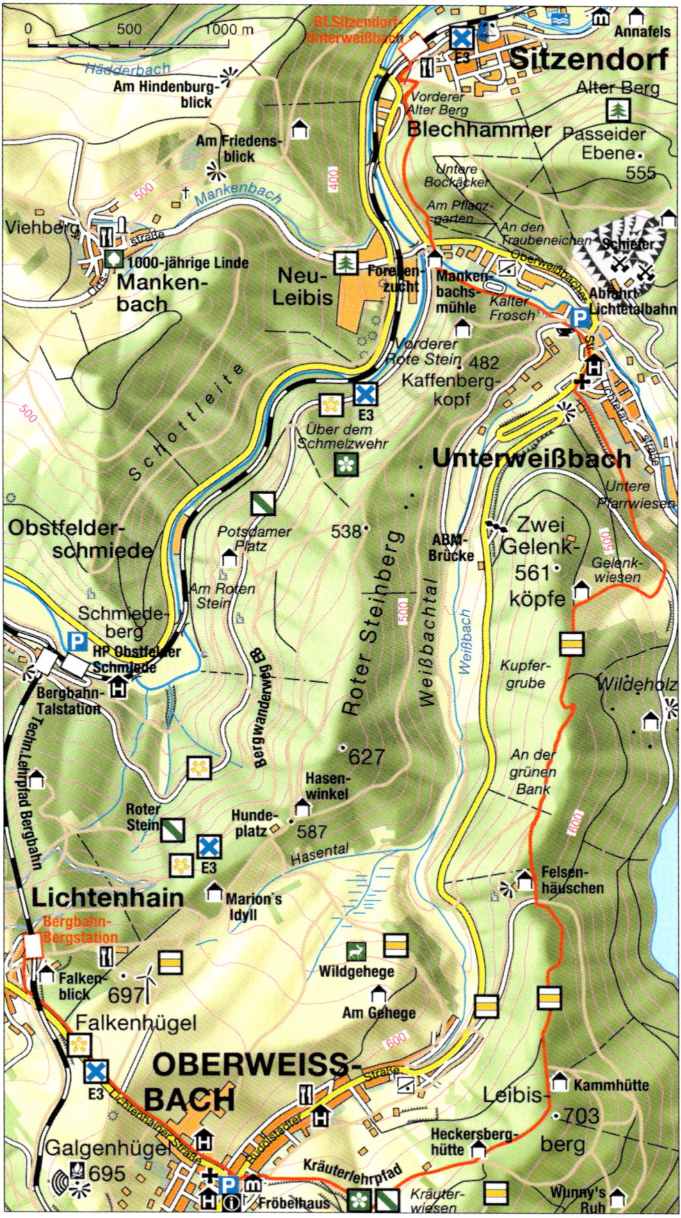

0
500
1000 m
Bf. Sitzendorf-Unterweißbach
Sitzendorf
Annafels
Alter Berg
Vorderer Alter Berg
Blechhammer
Passeider Ebene
555
Hädderbach
Am Hindenburg-blick
Am Friedens-blick
Mankenbach
Viehberg
1000-jährige Linde
Manken-bach
Neu-Leibis
Forellen-zucht
Manken-bachs-mühle
Untere Bockäcker
Am Pflanz-garten
An den Traubeneichen
Schiefer
Oberweißbach
Kalter Frosch
Abfahrt Lichtetalbahn
Vorderer Rote Stein
482
Kaffenberg-kopf
Schottleite
E3
Über dem Schmelzwehr
Unterweißbach
Untere Pfarrwiesen
Obstfelder-schmiede
Potsdamer Platz
538
ABM-Brücke
Zwei Gelenk-köpfe
561
Gelenk-wiesen
Am Roten Stein
Schmiede-berg
HP Obstfelder Schmiede
Roter Steinberg
Weißbachtal
Weißbach
Bergwanderweg
Kupfer-grube
Wildeholz
Bergbahn-Talstation
Techn. Lehrpfad Bergbahn
627
An der grünen Bank
Hasen-winkel
Roter Stein
Hunde-platz
587
Hasental
Felsen-häuschen
Lichtenhain
Marion's Idyll
Bergbahn-Bergstation
Wildgehege
Falken-blick
697
Falkenhügel
Am Gehege
OBERWEISS-BACH
Straße
Lichtenhainer Straße
Rudolstädter
Kammhütte
Leibis-berg
703
Galgenhügel
695
Heckersberg-hütte
Kräuterlehrpfad
Fröbelhaus
Kräuter-wiesen
Wunny's Ruh
400
500
600

zwischen 1966 und 1984 brachten keine Abhilfe. Erst die grundhaften Rekonstruktionsarbeiten seit 1995 schufen Standsicherheit. Zum Jubiläum der 225. Kirchweihe erhielt das Gotteshaus 2004 den Namen „Hoffnungskirche".

Friedrich Wilhelm August Fröbel: (1782 Oberweißbach – 1852 Marienthal bei Bad Liebenstein). Bedeutender Pädagoge, Schüler und Anhänger Pestalozzis. Gründete 1816/17 in Keilhau bei Rudolstadt ein später bekanntes Erziehungsheim für Kinder. Widmete sich der Vorschulerziehung und erforschte die Spieltätigkeit des Kindes. Entwickelte mit seinen Spielgaben („Fröbelbausteine") den verschiedenen Altersstufen angepasste Spiel- und Beschäftigungsmittel. Errichtete in (Bad) Blankenburg im „Haus über dem Keller" (heute Fröbel-Museum) 1839 den ersten Kindergarten. 1840 Gründung des „Allgemeinen deutschen Kindergarten" im Rathaus von Blankenburg. Besonders richtete Fröbel den Sinn der Kinder auf Gemeinschaft, Heimat und Natur. Strebte über Gartenbau, Tierpflege, Musik und Körperertüchtigung vielseitige und lebensfrohe Kinderförderung an.

Für unseren Aufstieg wählen wir den Naturlehrpfad, der unmittelbar unter dem Fröbelhaus, am Gassenweg beginnend, stark ansteigend den Berg hinauf führt. Kurz nachdem wir den Waldrand passiert haben, stoßen wir auf die Heckerbergshütte, die an einem Wiesenstreifen gelegen, nach dem etwas anstrengenden Anstieg zur Rast einlädt. Der anstrengende Teil unserer Wanderung ist hier geschafft.
Unsere nächsten Ziele, die Kammhütte auf dem Leibisberg, die Solwiese und die Kupfergrube sind ausgeschildert und mit dem gelben Querstrich markiert, so dass wir keine Schwierigkeiten mit der Orientierung haben und das Wandern auf den naturbelassenen Waldwegen genießen können. Nach 300 m erreichen wir Inges Idyll und nach weiteren 150 m die Kammhütte. Nun geht es auf dem Bergrücken abwärts. Vor der breiten Schneise einer Überlandleitung zweigt der gelb markierte Weg nach rechts ab. Wir aber bleiben auf dem Bergrücken, gehen geradeaus zur Überlandleitung und haben von hier noch einmal einen schönen Blick nach links auf Oberweißbach mit dem Thüringer Dom und im Hintergrund den Kirchberg mit dem Fröbelturm, Rechts liegt die Leibis-Talsperre im Blickfeld. Der Bergrücken fällt nun etwas steiler ab und wir erreichen nach wenigen Metern die „Solwiese, eine flache Senke zwischen dem Leibisberg und den wesentlich niedrigeren Gipfeln der „Zwei Gelenkköpfe". Zum Felsenhäuschen, unserem nächsten Ziel, müssen wir auf der gegenüberliegenden Seite wenige Meter ansteigen. Die romantische Lage der Schutzhütte auf einem Felsen entschädigt uns reichlich für die geringen Anstrengungen des Anstiegs. Wir bleiben auf der Höhe und folgen dem Bergpfad, der hier mal abwärts und aufwärts entlang geführt wurde. Nach 150 m erreichen wir einen Weg, dem wir nach links an einem Jagdstand vorbei folgen. Da hier keine Markierungen zu finden sind, orientieren wir uns an den Geländeformen. Wir bleiben immer auf der Höhe, den Kamm des Bergrückens direkt rechts von uns. Nach einer Weile erreichen wir eine Grube, aus der vielleicht einmal Erz gefördert wurde. Hier wird der Weg zu einem schmalen Waldpfad, der sich dann im weiteren Abstieg wieder verbreitert. Ca. 600 m nach der Grube stoßen wir auf einen Weg, der

Das Fröbelhaus in Oberweißbach

von rechts herab kommt. Nach einem schmalen Wiesenstreifen rechts haben wir die Gelenkwiese erreicht. Am Waldrand, vorbei an der sogenannten Kupfergrube, die als Steinbruch diente, aber Kupfergrube genannt wurde, weil in der Nähe tatsächlich einmal Kupfererz abgebaut wurde, erreichen wir eine Schutzhütte. An ihr vorbei führt ein Weg über die Wiese hinab ins Tal an der Staumauer der Leibis-Talsperre vorbei zur Zufahrtsstraße der ehemaligen Baustelle.

TIPP: Wenn man die Leibis-Talsperre noch nicht kennt, hat man hier die Gelegenheit zur Besichtigung. Die Straße aufwärts erreicht man den Besucherpavillon und kann sich dort über die Talsperre und ihren Bau informieren.

Die Zufahrtstraße wird überquert und nach den Stufen führt der Weg nach links abwärts zum Märchenbrunnen. An ihm vorbei gelangen wir zum Ortseingang von Unterweißbach und folgen der Hauptverkehrsstraße in den Ort bis kurz vor die Brücke über die Lichte und biegen dort am Berghang links ein. Der Hauptwegweiser „Kalter Frosch" zeigt uns, dass wir uns richtig orientiert haben. Entlang am Waldrand geht es leicht abwärts, vorbei an der Tennisanlage und am Sportplatz zum Schwarzaufer. Hier halten wir uns rechts. Wir befinden uns nun auf dem Fernwanderweg „Eisenach – Budapest" und können bis zum Bahnhof Sitzendorf-Unterweißbach seiner Markierung, dem blauen Andreaskreuz, folgen. Auf einer Brücke überqueren wir die Lichte, um sofort danach auf die Straße zu stoßen, die von rechts aus Unterweißbach kommend nach links ins Schwarzatal führt. Sie überqueren wir am Hauptwegweiser „Unter dem Pflanzgarten", steigen ein Stück aufwärts zum Hauptwegweiser „Pflanzgarten" und wandern von dort über die Hauptwegweiser „Am alten Berg" und „Blechhammer Mühle" zum Bahnhof Sitzendorf-Unterweißbach.

WANDERUNG NR. 18

„Kein schöner Land“

Wegeverlauf: Bergbahn Bergstation – HP Cursdorf – Fröbelturm – HP Oberweißbach-Deesbach

Charakter: Streckenwanderung, nicht anstrengend. Auf dem Spuren der Buckelapotheker. Vom Fröbelturm Rundumsicht über große Teile Thüringens. Für Kinder ab 6 Jahren und Kinderwagen geeignet.

Wanderstrecke:	7,5 km
Anstiege:	166 m
Abstiege:	166 m
Höchster Punkt:	784 m
Niedrigster Punkt:	655 m
Kalorienverbrauch:	ca. 550 kcal
Gastronomie:	Gaststätten in Lichtenhain und Cursdorf Gaststätte auf dem Fröbelturm

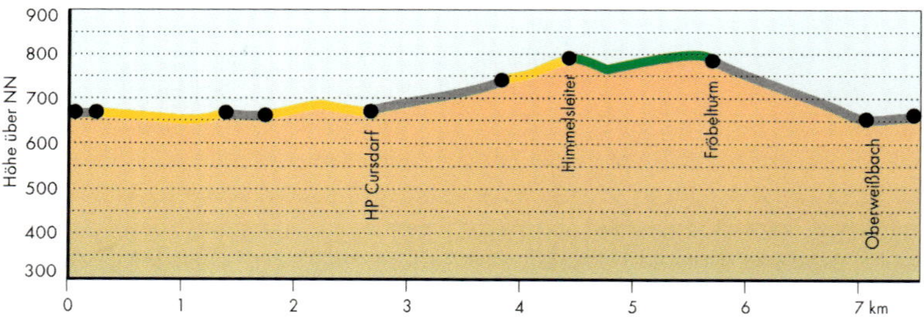

Wegbeschreibung: Wie in Wanderung 19 beschrieben wird, folgen wir den Gleisen der Flachstrecke der Bahn bis zum HP Cursdorf. In Fahrtrichtung gehen wir in den Ort und dann der Ortsstraße nach links aufwärts bis zur Straße, die nach rechts nach Neuhaus am Rennsteig führt. Am Ortsausgang biegen wir links ein und steigen der Straße steil bergan, an der Pension Waldidyll vorbei zum neu errichteten Wasserhochbehälter von Cursdorf. Rechter Hand können wir hier am Naturlehrpfad vielfältige Wiesenblumen und Kräuter erkennen, die uns deutlich darauf hinweisen, dass wir uns in einer der „Hochburgen“ der ehemaligen Buckelapotheker befinden. Genau so wie die Natur am Wegesrand kann hier der Blick in die Landschaft begeistern. Er lässt uns ahnen, wie überwältigend es sein muss, später vom Fröbelturm den vollen Rundblick genießen zu können.

Am Waldrand weitergehend erreichen wir die blaue Markierung des Fernwanderweges „Eisenach-Budapest“, der wir nach links, also in Richtung Fröbelturm folgen. Am Schießstand vorbei geht es ein Stückchen steiler bergan bis wir die Himmelsleiter erstiegen haben, einen Berg, den man an seinem Antennenmast ein-

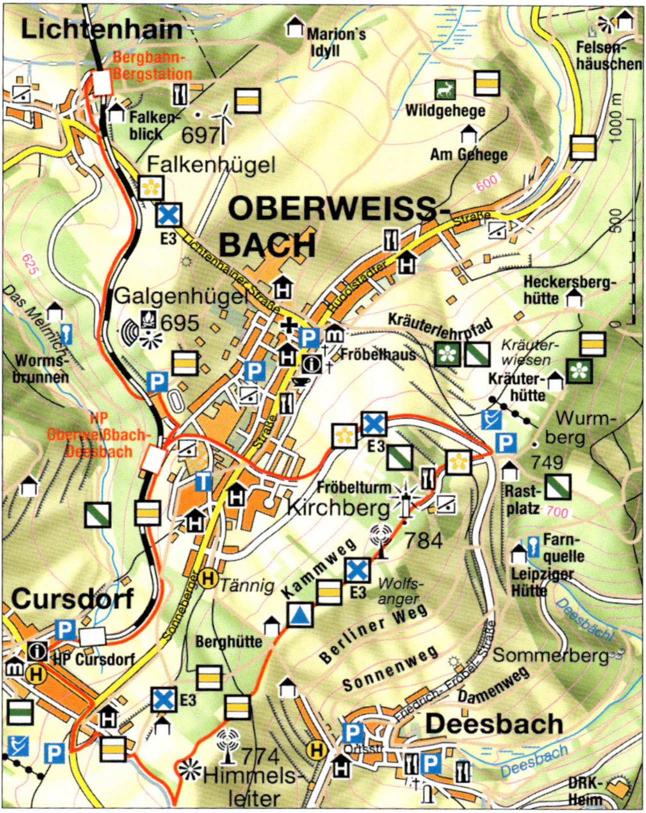

deutig schon von weitem erkennen kann. Hier oben steht auch neben einer Schutzhütte das Berg- und Wanderkreuz, für viele Wanderer somit auch ein Ort stillen Gedenkens.

Bevor wir zum Fröbelturm aufsteigen können, müssen wir noch ein paar Meter in eine Mulde zwischen den beiden Bergen absteigen und danach geht es auf dem Bergkamm sanft aufwärts zu einem der schönsten Aussichtspunkte des Thüringer Waldes, zum Fröbelturm.

Hier in der Gaststätte lässt es sich gut rasten und zur besseren Verdauung sollte dann unbedingt der Turm erstiegen werden. Bei klarem Wetter kann man den Inselsberg im Westen und den Altvaterturm auf dem Wetzstein erkennen. Weit reicht der Blick ins Thüringer Becken mit dem Ettersberg bei Weimar und manche Wanderfreunde behaupten sogar, dass sie von hier deutlich den Brocken erkennen konnten.

Fröbelturm: Aussichtsturm mit gastronomischer Bewirtschaftung auf dem Kirchberg (784 m NN) von Oberweißbach mit weitreichender Sicht über Thüringer Wald, Schiefergebirge und Triaslandschaft des Gebirgsrandes. Turmerrichtung 1890 auf Initiative des Thüringerwald-Vereins aus heimischen Schiefergestein. 1923 Erweiterung des Schutzhauses am Turmfuß, 1935 und 1939 Veranda-Anbauten.

Vom Kirchberg hinab führt eine Straße, wir Wanderer bevorzugen aber den Naturlehrpfad, der rechts von der Straße hinabführt und der uns Gelegenheit bietet, Kräuter kennen zu lernen, die auf den Tafeln ausführlich beschrieben werden.
Am Parkplatz halten wir uns links und queren auf der Landstraße den Hang des Kirchberges. Kurz bevor wir auf die Gärten und Häuser von Oberweißbach stoßen geht rechts eine Straße ab, die durch Stangen für Kraftfahrzeuge gesperrt wurde. Sie nutzen wir, um in den Erholungsort zu gelangen, der sich im Weißbachtal von 570 bis 700 m über NN entlang zieht. Wir kreuzen die Sonneberger Straße in 663 m Meereshöhe, also fast am oberen Ortsende. Über die Bahnhofsstraße gelangen wir zum Haltepunkt Oberweißbach-Deesbach auf der Flachstrecke der Bergbahn, der wie alle Bahnhöfe der Schwarzatal- und Bergbahn als „Wanderbahnhof" ausgestaltet wurde und uns mit seiner anschaulichen Kartentafel Gelegenheit bietet, den zurückgelegten Weg noch einmal nachzuvollziehen.

Der Fröbelturm

Blick auf Oberweißbach

WANDERUNG NR. 19

„Schön ist die Welt“

Wegeverlauf: Bergbahn Bergstation – HP Oberweißbach-Deesbach – HP Cursdorf
Charakter: Streckenwanderung, nicht anstrengend. Schöne Aussichten auf das Olitätenland und Teile des Thüringer Waldes.
Für Rollstuhlfahrer und Kinderwagen geeignet, auch für Kinder unter 6 Jahren.

Wanderstrecke:	2,66 km
Anstiege:	37 m
Abstiege:	23 m
Höchster Punkt:	682 m
Niedrigster Punkt:	655 m
Kalorienverbrauch:	ca. 200 kcal
Gastronomie:	Gaststätten in Lichtenhain und Cursdorf

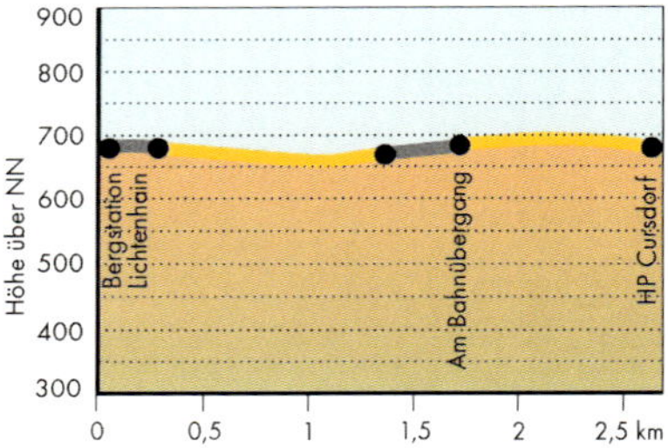

Wegbeschreibung: Nach Verlassen des Bahnhofes der Bergstation lohnt es sich, die Anlagen der Bergstation und das daneben liegende Gelände mit der Lichtentaler Waldeisenbahn zu besichtigen. Der technisch interessierte Wanderer kann dabei viele Details erfahren und für Kinder ist die Besichtigung allemal ein Ereignis. Anschließend beginnen wir unsere Wanderung, die am Ziel in Cursdorf mit dem Besuch des Ortes und des Historischen Glasapparatmuseum noch verlängert werden kann.

Bei unserer Wanderung orientieren wir uns an den Gleisen der Flachstrecke der Bahn zwischen Lichtenhain und Cursdorf. Auf dem Fernwanderweg „Eisenach-Budapest“ der mit dem blauen Andreaskreuz gekennzeichnet ist, wandern wir in Richtung Oberweißbach, verlassen ihn aber an der Kreuzung zwischen Straße nach Oberweißbach und Bahnlinie. Hier biegt unterhalb der Bahnlinie ein Pfad ein, der entlang der Bahnlinie über Weiden führt und uns einen herrlichen Blick auf das Olitätenland bietet. Der Pfad weist kaum Höhenunterschiede aus und ist, auch wenn er manchmal recht schmal ist, für das Befahren mit Rollstühlen und Kinderwagen geeignet.

Am Galgenhügel, auf dem früher höchstwahrscheinlich Hinrichtungen stattfanden und auf dem sich heute eine Freilichtbühne befindet, führt der Weg in den Wald und wird ab hier, da von rechts ein Wirtschaftsweg einmündet, zu einem breiten befestigten Weg. Kurze Zeit später überquert er die Schienen der Flachstrecke und danach geht es am Sportplatz von Oberweißbach vorbei zum Haltepunkt Oberweißbach-Deesbach.

Auch ab hier bleiben wir in unmittelbarer Nähe der Schienen. Am Hauptwegweiser „Am Bahnübergang“ überqueren wir nicht die Schienen, sondern folgen dem leicht aufwärts führenden Wirtschaftsweg an der Waldgrenze. Er wird teilweise etwas schmaler, ist aber weiterhin für Rollstuhlfahrer geeignet. Leicht aufwärts durchquert der Weg den schmalen Waldstreifen, bevor er dann wieder abwärts zum Haltepunkt Cursdorf führt. Vom Haltepunkt aus sind es noch ca. 300 m bis zum Zentrum von Cursdorf, in dem sich das Historische Glasapparatemuseum befindet.

Historisches Glasapparatemuseum Cursdorf: Robert Götze aus Cursdorf, ein Schüler Heinrich Geißlers (1814 – 1879), des Erfinders der Gasentladungsröhre (Geißler-Röhre), gründet 1876 in Leipzig eine eigene Firma. Er holt seine Neffen Otto und Rudolf Pressler aus Cursdorf zur Ausbildung nach Leipzig. Rudolf Pressler gründet um 1900 in Cursdorf ein Werk zur Herstellung von Glasröhren für Thermometer, Röntgenapparate, hochwertige Versuchsinstrumente u. a. Die historische Fabrikationspalette des Betriebes wird in dem Spezialmuseum, untergebracht im Dorfgemeinschaftshaus, dargestellt.
Im gleichen Haus sind auch die Olitätenstube und der Olitätenkeller untergebracht, alles Einrichtungen, deren Besuch lohnenswert ist und nur empfohlen werden kann. Auch eine Minigolfanlage und die Porzellanmanufaktur Kati Zorn laden zum Besuch ein.

WANDERUNG NR. 20

„Wenn alle Brünnlein fließen“

Wegeverlauf: HP Oberweißbach-Deesbach – Mellenbachtal – Cursdorf – HP Oberweißbach-Deesbach
Charakter: Rundwanderung, nicht anstrengend. Auf Naturschutzpfaden durch herrliche Blumenwiesen. Für Kinder ab 8 Jahren geeignet.

Wanderstrecke:	6,1 km
Anstiege:	201 m
Abstiege:	201 m
Höchster Punkt:	693 m
Niedrigster Punkt:	515 m
Kalorienverbrauch:	ca. 500 kcal
Gastronomie:	Gaststätten in Oberweißbach, Cursdorf und Meuselbach-Schwarzmühle

Wegbeschreibung: Wir verlassen den Triebwagen der Bergbahn am Haltepunkt Oberweißbach-Deesbach und gehen, von Lichtenhain kommend, in Fahrtrichtung entlang der Bahnanlagen. Der Wirtschaftsweg führt nach wenigen Metern über die Gleise und wir erreichen den Hauptwegweiser „Am Bahnübergang“. Wir wählen den pfadartigen Weg abwärts in Richtung Cursdorf bis er fast unten im Tal auf den Naturlehrpfad trifft, der von Cursdorf herabführt.

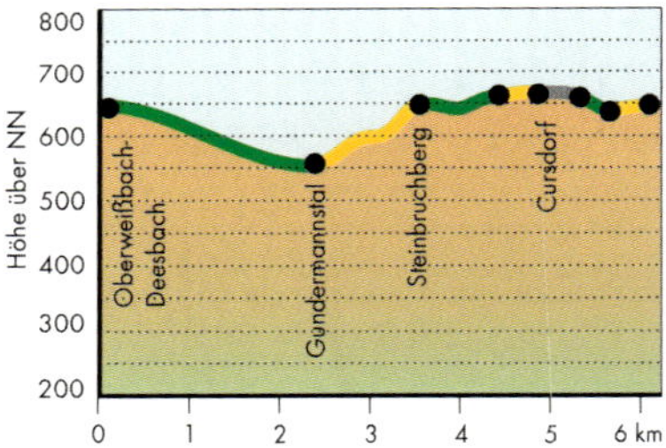

Naturlehrpfad: Rund um Cursdorf, aber auch in vielen anderen Teilen des Schwarzatales und seiner Höhen, laden Naturlehrpfade zum Wandern ein. Sie sind zumeist mit dem grünen Diagonalstrich auf weißem Quadrat gekennzeichnet und durch ihre Info-Tafeln als Naturlehrpfade leicht zu erkennen. Naturlehrpfade sollen den Wanderern und Spaziergängern, insbesondere Kindern und Jugendlichen, Informationen über die uns umgebende Natur bieten. Sie können zu ausgewählten Themen (z.B. Kräuterlehrpfad Oberweißbach oder Wasserlehrpfad Unterweißbach) gestaltet sein, aber auch ganz allgemein über Sehenswertes in der Natur informieren. Auch wenn sich manche Themen oft wiederholen, wird man immer wieder Neues durch die Beschreibungen und Darstellungen erfahren. Die Tafeln werden zumeist in ehrenamtlicher Arbeit von Naturliebhabern gestaltet. Ihr Anliegen ist es, nicht nur über die Natur zu informieren. Sie möchten dazu beitragen, dass sich alle „Naturnutzer“ davon überzeugen, dass es sich lohnt, mit dem eigenen Verhalten in der Natur dazu beizutragen, dass unsere natürlichen Lebensgrundlagen erhalten bleiben.

Im spitzen Winkel folgen wir dem Naturlehrpfad nach rechts abwärts. Der Naturlehrpfad, der durchgängig mit dem grünen Diagonalstrich gekennzeichnet ist, schlängelt sich im Sichtabstand zum Wiesental durch den Fichtenwald, bis er nach fast 1,5 km Wiese und Bach quert, um auf der anderen Seite ins breitere Lichtenhainer Tal einzumünden. Die Bäche haben hier viele Mineralien abgelagert, so dass sich auf den Wiesen eine artenreiche Flora entwickeln konnte, die den Wanderer während der ganzen Vegetationsperiode mit ihrer Farbenpracht erfreut.

Am Waldrand wandern wir weiter abwärts zum Gundermannstal, das wir an seiner Einmündung in das obere Mellenbachtal (die Verlängerung des Lichtenhainer Tals) erreichen. Der Naturlehrpfad verläuft von hier wieder in Richtung Cursdorf. Er führt jetzt teilweise steil bergan und ist im ersten Stück recht steinig. An kräftigen Douglasien vorbei, die sich auf Grund des angeschwemmten Bodens und des reichlichen Wassers hier ausgezeichnet entwickeln können, gelangen wir an eine Lichtung über die eine gewaltige Hochspannungsleitung führt. Hier geht rechts mit Wegweisung ein Weg in Richtung Mellenbach ab. Wir bleiben aber weiter gerade aus und steigen weiter bergan auf dem gut gekennzeichneten Naturlehrpfad, der nach ca. 150 m an einer großen Tanne einen Bogen nach links macht. Er führt nun unter der Hochspannungsleitung durch und dann geht es leicht bergan auf dem nun breiten befestigten Wirtschaftsweg, der nach einem Linksbogen fast auf gleicher Höhe weiter verläuft. Nachdem die Hochspannungsleitung fast wieder erreicht ist, verlässt der Naturlehrpfad an der Kante der Lichtung den Wirtschaftsweg und steigt steil bergan parallel zur Hochspannungsleitung. Hier aufzusteigen ist etwas anstrengend, aber schon bald treffen wir auf eine Schutzhütte mit einer Bank, und da die Aussicht trotz Überlandleitung sehr schön ist, legen wir

Das Melmichtal bei Cursdorf

eine Pause zur Erholung ein. Im Nordwesten können wir den Langen Berg und weiter rechts die Barigauer Höhe mit dem Barigauer Turm erkennen. Fast vom Wald zugedeckt stehen die Häuser von Lichtenhain auf der Höhe, mit ihren grauen Schieferdächern einer Spielzeugstadt gleichend.

Wir steigen weiter bergan, gehen dann auf gleicher Höhe halbrund um den Gipfel des Steinbruchsberges herum, bis der Naturlehrpfad plötzlich nach links direkt in den Wald führt. Hier wurde ein kleiner Pfad gerodet, der uns auf die andere Seite des Steinbruchsberges führt. Nach ca. 200 m quer durch den Wald, ausgezeichnet mit dem Wegezeichen des Naturlehrpfades gekennzeichnet, erreichen wir wieder einen naturbelassenen Weg, auf den von rechts schmale Wiesenstreifen stoßen. Wir folgen dem Weg leicht aufwärts bis zum Waldrand. Hier ragt ein Waldzipfel ein Stück in die Wiesen hinein. An seinem östlichen Rand führt uns der Weg nun zu einer neuen kleinen Schutzhütte, dann an Gärten entlang und quer über die Wiesen in Richtung Cursdorf. Er erreicht die Hauptstraße von Cursdorf ca. 200 m oberhalb vom Historischen Glasapparatemuseum, zu dem uns der Lehrpfad nun führt. Hier biegt er wieder links in eine kleine Gasse zwischen Häusern und Gärten ein, die sich am Wiesenrand zu einem grasigen Pfad wandelt. An einer Hecke entlang, dann eine Wiese querend, erreichen wir unten am Bach einen kleinen Tümpel. Hier beginnt wieder der Wald und links biegt wieder der Naturlehrpfad ab, den wir zu Beginn unserer Wanderung hinunter zu den Wiesentälern ausgewählt hatten. Wir bleiben rechts und erreichen nach ca. 500 m leichten Aufstieg die Bahnlinie am Hauptwegweiser „Am Bahnübergang" und gleich danach sind wir wieder am Haltepunkt Oberweißbach-Deesbach angelangt.

Schutzhütte Talsperrenblick am Schneiderfelsen

WANDERUNG NR. 21

„Heute wollen wir das Ränzlein schnüren“

Wegeverlauf: HP Cursdorf – Vorsperre Deesbach – Lichtetalsperre – Oberweißbach – Bergstation Lichtenhain

Charakter: Streckenwanderung, äußerst anstrengend, über Berg und Tal rund um die Stauseen der Lichte. Eine Wanderung in ein Gebiet, das eines der lohnendsten Wanderziele der Region zu werden verspricht. Nur für geübte Wanderer.

Wanderstrecke:	27,1 km
Anstiege:	840 m
Abstiege:	854 m
Höchster Punkt:	746 m
Niedrigster Punkt:	329 m
Kalorienverbrauch:	ca. 2.250 kcal
Gastronomie:	Gaststätten in Cursdorf, Unterweißbach, Oberweißbach und Lichtenhain

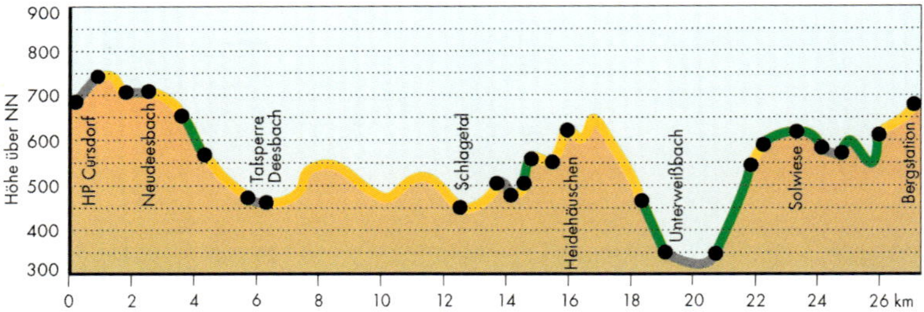

Wegbeschreibung: Wie in Wanderung 18 bereits beschrieben, wandern wir vom Haltepunkt Cursdorf durch den Ort und weiter an der Pension Waldidyll vorbei bis am Fuß der Himmelsleiter der Fernwanderweg „Eisenach-Budapest“ nach links zum Fröbelturm abbiegt. Wir halten uns hier halb rechts in Richtung Ziegelhütte, biegen aber bevor wir diese erreichen links nach Neudeesbach ab. Der Weg kreuzt sich auf der Wiese mit dem sogenannten Herrenweg. Ihm folgen wir nun nach rechts bis zum Ortseingang von Neudeesbach. In der Ortsmitte geht rechts an einem Hauptwegweiser ein Weg über die Wiese zum Waldrand am Berg Schanze ab – Wegweisung Horbachtal. Wir folgen dem Weg abwärts, bis nach mehreren Kurven rechts ein Weg abbiegt und schräg in den Wald hinein führt – Wegweisung Schutzhütte Waldesruh. Hier biegen wir rechts ein, 150 m danach gehen wir wieder nach rechts und erreichen kurz darauf die Schutzhütte Waldesruh. Im weiteren Verlauf wird der abwärts führende Weg etwas steiler, bis er das Horbachtal erreicht. Dem Waldweg im Tal folgen wir gut 1 km talabwärts. Kurz vor Einmündung

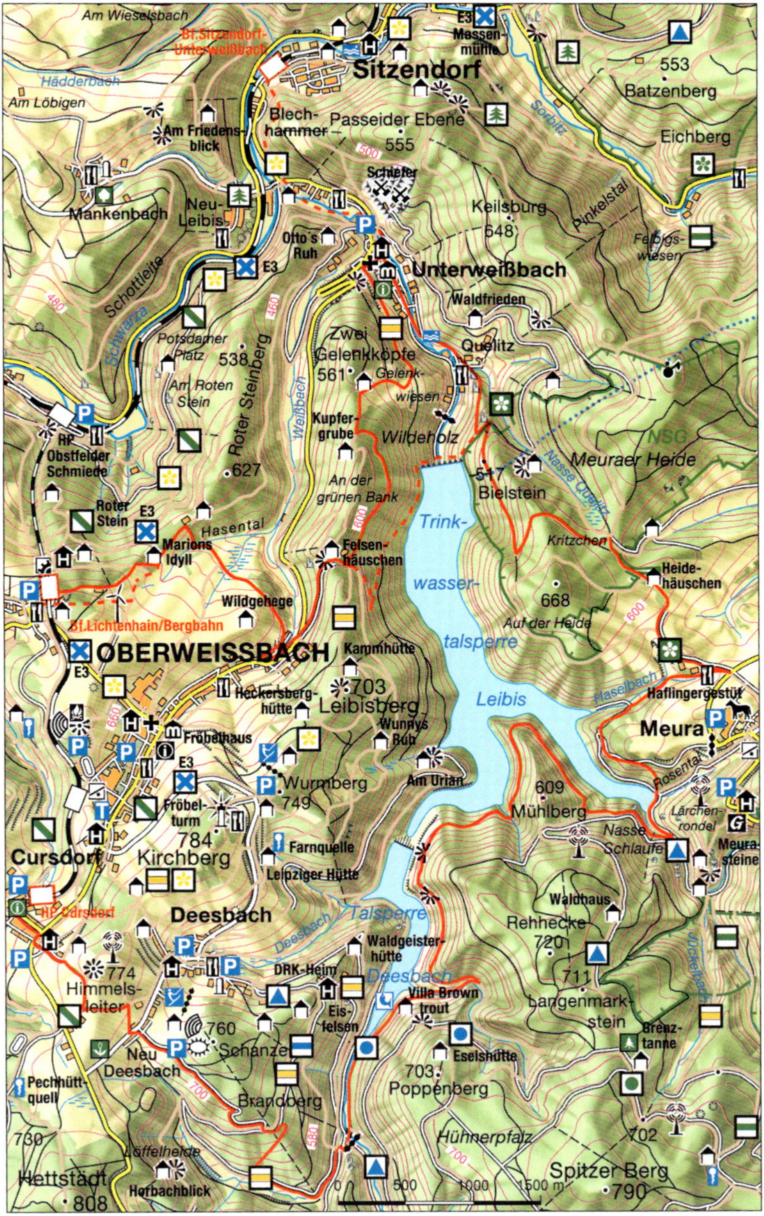
Am Wieselsbach
Bf. Sitzendorf-Unterweißbach
Sitzendorf
Massenmühle
E3
553
Batzenberg
Hädderbach
Am Löbigen
Blechhammer
Passeider Ebene
555
Eichberg
Sorbitz
Am Friedensblick
Mankenbach
Neu-Leibis
Schiefer
Keilsburg
648
Pinkelstal
Felbigswiesen
Otto's Ruh
Unterweißbach
Schottleite
Schwarza
Waldfrieden
Potsdamer Platz
538
Roter Steinberg
Zwei Gelenkköpfe
561
Gelenkwiesen
Quelitz
Am Roten Stein
Weißbach
Kupfergrube
Wildeholz
HP Obstfelder Schmiede
627
An der grünen Bank
517
Bielstein
Meuraer Heide
NSG
Nasse Quelitz
Roter Stein
Hasental
Trinkwassertalsperre Leibis
Kritzchen
Marions Idyll
Felsenhäuschen
Heidehäuschen
668
Wildgehege
Auf der Heide
Bf. Lichtenhain/Bergbahn
OBERWEISSBACH
Kammhütte
Heckersberghütte
703
Leibisberg
Haselbach
Haflingergestüt
Meura
Fröbelhaus
Wunnys Ruh
Am Urian
Rosental
Wurmberg
749
609
Mühlberg
Lärchenrondel
Fröbelturm
784
Kirchberg
Cursdorf
Farnquelle
Leipziger Hütte
Nasse Schlaufe
Meurasteine
HP Cursdorf
Deesbach
Talsperre Deesbach
Waldhaus
Rehhecke
720
Waldgeisterhütte
DRK-Heim
774
Himmelsleiter
Eisfelsen
Villa Brown trout
711
Langenmarkstein
760
Schanze
Eselshütte
Grenztanne
Neu Deesbach
Pechhüttquell
703
Poppenberg
Brandberg
730
Löffelheide
Hühnerpfalz
702
Hettstädt
808
Horbachblick
Spitzer Berg
790
0 500 1000 1500 m
500
480
460
600
660
700
580

des Horbaches in die Lichte im Talgrund treffen wir auf einen Wirtschaftsweg, der vom Lichtetal kommend in einem Bogen den Horbach überquert und aufwärts nach Deesbach führt. Wir halten uns rechts, überschreiten die Brücke über den Horbach und erreichen nach wenigen Minuten die ab hier der Lichte abwärts gesperrte Landstraße. Wir überqueren erneut den Horbach und kurz danach die Lichte und halten uns nach der Brücke links in Richtung Vorsperre Deesbach.

Der Weg ist mit einem blauen Punkt markiert und führt uns zum Ufer der Talsperre an der Schutzhütte „Villa brown trout". Die steilen Felshänge am Ufer des Stausees zwingen den Weg hinauf auf die Berghänge und so steigen wir im sogenannten „Stänkerloch" aufwärts, bis wir im Wald auf einen Weg stoßen, der ca. 60 Höhenmeter über dem Stausee am Hang entlang nach links dem Verlauf des Lichtetales folgt. Diesem Weg folgen wir nun bis hinein ins Schlagetal, das wir nach gut 4,5 km mal auf gleicher Höhe, mal abwärts und mal aufwärts wandernd, erreichen. Dieser Weg bietet viele schöne Aussichten, zuerst auf die Vorsperre Deesbach, dann auf die Lichtetalsperre, welche mit ihrem Probestau bereits ahnen lässt, welche Reize der volle Stausee zwischen den dunkelgrünen Bergen rings herum bieten wird.

Lichte/Leibis-Talsperre: Wahrscheinlich die letzte große Talsperre, die in Thüringen errichtet wird. Die Lichte, ein rechter Zufluss zur Schwarza, wird in der Gemarkung des kleinen früheren Talortes Leibis mit einer Betonmauer in Blockbauweise auf 3,5 km zur Trinkwasserversorgung von Ostthüringen gestaut. Nebenfunktionen sind Hochwasserschutz, Zuspeisung bei Niedrigwasser der Schwarza, Stromerzeugung und touristische Attraktivität. Die Planungsarbeiten begannen nach 1970, von 1979-89 wurde die Deesbachsperre als Vorsperre gebaut, die seitdem schon zur Versorgung der Region mit Trinkwasser genutzt wird. Zwischen 1981 und 1995 sind drei Stollen durch das Schiefergebirge gebohrt worden. Der Katzestollen führt zur Füllung der Sperre einen Teil des Katzebaches heran. Die beiden anderen Stollen queren zuerst das Quittelsbergmassiv zum Sorbitztal und dann den Gebirgsblock unter Burkersdorf und Dittersdorf und enden am Hainberg bei Bad Blankenburg. Von dort fließt das Wasser in Rohrsystemen durch Eigendruck durch das Schwarzatal steil hinauf zur Trinkwasseraufbereitungsanlage Zeigerheim bei Rudolstadt. Die Grundsteinlegung erfolgte nach jahrelanger Verzögerung im September 2002. 2005 ist der Bau abgeschlossen und Probestaumessungen werden durchgeführt.

Die Schlage wird überquert und weiter geht es am künftigen Stauseeufer und vom Rosental, das nach Meura hinauf führt, am Hang des Stausees hinauf zur Schutzhütte am Talsperrenblick und dann wieder abwärts ins Haselbachtal. Von hier hat man bis zur Baustelle der Staumauer eine Bitumenstraße in den Felshang des Berges gebaut und ein Teil der Gesteinsmassen im oberen Tal abgelagert.

In der Kurve der Bitumenstraße nach der Schutzhütte verlassen wir vorerst die Talsperre und steigen an den Gesteinsmassen vorbei das Tal aufwärts. Am Ende des abgelagerten Gesteins führt ein schmaler Pfad weiter bergan. Ihn folgen wir bis zur neuen Zufahrtsstraße von Sitzendorf nach Meura, die wir unterhalb des Haflinger Gestütes von Meura erreichen.

Blick auf die Vorsperre Deesbach

Haflinger Gestüt Meura: Bedeutendes Zuchtzentrum in Europa für die ausdauernde und leistungsfähige Pferderasse aus Tirol unter langjähriger Leitung von Dr. Sendig. Etwa 350 Pferde mit der blonden Mähne und ebenso hellem Schweif stehen im Gestüt. Jährlich finden attraktive Vorführungen und Leistungsschauen für Urlauber und Pferdezüchter statt. Verschiedene Angebote stehen für Besucher bereit: Reit- und Kutschfahrtouristik, tägliche Gestütsbesichtigungen, Angebote zu Anwendung von Stutenmilch.

Von hier zieht sich ein Wirtschaftsweg über die Weiden nach Nord-Westen. An einer Hecke stoßen wir auf den Hauptwegweiser „An der Heide". Hier folgen wir der Wegweisung nach rechts – Turmruine – und erreichen schon bald danach am Waldrand das Heidehäuschen. Wir befinden uns inmitten der Meuraer Heide und schauen zurück auf Meura, das umrahmt von grünen Weiden und dunklen Wäldern mit seiner dominierenden Dorfkirche zum Verweilen und Schauen einlädt. Unsere Pause ist jedoch nur kurz, denn der weitere Weg um den Stausee und hinauf auf die Höhen der Bergbahn ist noch weit.

Zunächst folgen wir weiter der Wegweisung „Turmruine" in den Wald und erreichen nach ca. 400 m den Hauptwegweiser „Kritzchen". Hier an der Wegspinne biegen wir links ein und folgen der Wegweisung „Schutzhütte Bielstein" und „Quelitz" sowie dem Olitätenweg. Die Wegezeichen grüner Punkt und das grüne Blatt des Olitätenweges werden uns nun zur Staumauer der Lichtetalsperre begleiten. Zuerst geht es leicht aufwärts auf einen Bergsattel, den wir überschreiten. Beim Abstieg durchqueren wir die Schneise einer ehemaligen Hochspannungsleitung, danach stoßen wir auf einen Weg, der von unten rechts kommt und nach links als Wiesenweg in gleicher Höhe noch ein Stück weitergeht bevor er am Hang endet. Wir bleiben beim Abstieg und gehen also nach rechts wieder über die Schneise und dann in den Hochwald, den wir erst unmittelbar vor der Staumauer verlassen. Direkt am Weg wurde das Fundament für die größte Kabelkrananlage Europas errichtet, die dem Bau der Leibisstaumauer diente. Von hier oben hat man einen guten Überblick über die Staumauer und die ehemalige Baustelle. In einigen Jahren werden Bäume und Gebüsch die Wunden verdeckt haben, die mit dem Talsperrenbau den Bergen links und rechts der Lichte und dem Wald zugefügt werden mussten. Bleiben wird eine veränderte Landschaft mit neuen Chancen für die Natur und auch neuen Möglichkeiten für den Wanderer.

Wir steigen weiter abwärts und erreichen einen Felsen auf dem fast versteckt eine Schutzhütte steht. Hier von Kämpfs Ruh haben wir ein weiteres Mal eine schöne Aussicht auf die Staumauer und auch auf das weiter unten im Tal liegende Unterweißbach mit dem Ortsteil Quelitz.

Wir befinden uns nun auf dem Naturlehrpfad Wasser, der mit einem gelben Querstrich und den grünen Diagonalstrich gekennzeichnet ist. Abwärts, in Richtung Staumauer, führt er uns zu einem Pfad, der nach rechts abzweigt und den Hang querend nach Quelitz hinabführt.

TIPP: Nach Fertigstellung der Staumauer und nach Freigabe des Überganges für Besucher kann man von Kämpfs Ruh aus dem Weg zur Solwiese wesentlich anders gestalten, als nachfolgend beschrieben. Von Kämpfs Ruh steigen wir dann zur Staumauer hinab und auf ihr hinüber zum anderen Ende am Berg Zwei Gelenkköpfe. Von hier führt eine Baustraße den Stausee „aufwärts". Auf ihr bleiben wir ca. 600 m bis von ihr ein Wirtschaftsweg nach rechts im spitzen Winkel weiter aufwärts führt. Er unterquert kurze Zeit später eine Hochspannungsleitung und mündet an der „grünen Bank" in einen Wirtschaftsweg, der aus dem Sattel zwischen Leibisberg und Zwei Gelenkköpfe kommend zum Stausee in Richtung Urian hinabführt. Diesen Weg gehen wir rechts hoch, unterqueren wiederum die Überlandleitung und erreichen die Solwiese (der Weg verkürzt sich dadurch um 2,3 km und im Auf- und Abstieg müssen jeweils 120 m weniger bewältigt werden).

Noch ist es aber nicht möglich, von hier über die Staumauer auf den Berghang auf der anderen Seite der Talsperre zu gelangen, so dass wir den Weg durch das Lichtetal wählen müssen. Wir steigen also nach Quelitz hinab und überqueren am Quelitzer Hammer die Lichte, um auf die Straße zu gelangen, die früher von Unterweißbach nach Lichte und Neuhaus führte und die wir im ersten Teil unserer Wanderung vor Beginn der Vorsperre Deesbach bereits überquert haben. Ihr folgen wir bis links die Landstraße nach Oberweißbach abgeht.

TIPP: Wer nicht mehr bergauf steigen und gleichzeitig die Wanderung auch um ein paar Kilometer verkürzen möchte, kann sich hier entscheiden, die Wanderung am Bahnhof Sitzendorf-Unterweißbach der Schwarzatalbahn zu beenden. Dazu wählt er den Weg über den Hauptwegweiser „Kalter Frosch", am Sportplatz vorbei, über die Lichte und weiter über den

Wohlfühlweg am Leibisberg

Hauptwegweiser am Pflanzgarten nach Blechhammer und dann zum Bahnhof. Die Strecke wir dadurch um 4,85 km verkürzt, im Aufstieg werden 427 und im Abstieg 80 Höhenmeter eingespart.

150 m dieser Straße bergauf erreichen wir den Hauptwegweiser „Am Kirchberg" an dem die Wegweisungen für unsere nächsten Ziele „Kupfergrube" und „Solwiese" angebracht sind. Nun geht es wieder aufwärts und nach 750 m anstrengenden Aufstiegs erreichen wir den Märchenbrunnen, der mit seinen Märchenfiguren insbesondere Kinder einlädt. Wenige Meter später folgt eine Treppe, und nachdem wir diese erstiegen haben, befinden wir uns am Beginn der bisherigen Baustelle der Lichtestaumauer. Wir überqueren die Straße und folgen der gelben Strichmarkierung am Rande der Freifläche auf einem Grasweg aufwärts. Kurz nach dem Hauptwegweiser „Auf den Gelängen" teilt sich der Wiesenweg. Wir steigen weiter aufwärts und nach ein paar Stufen kommen wir an einer unbetonierten Straße vorbei, die in einem Bogen die Baustelle und ehemalige zur Kabelkrananlage verband.

TIPP: Von hier kann man abwärts zum Besucherpavillon gelangen und nochmals einen Blick auf die Staumauer und Teile des Stausees werfen. Im Pavillon sind Schautafeln angebracht, die übersichtlich über Details des imponierenden Bauwerkes informieren.

Wir steigen quer über die Wiese weiter aufwärts, erreichen die Schutzhütte und nach links dem Waldrand folgend, die Kupfergrube zur rechten Hand. An ihr vorbei kommen wir in den Wald. Nach einer Linkskurve teilt sich der Weg. Wir wählen den linken Wiesenweg und beim nächsten Abzweig bleiben wir erneut links. An einer Schonung haben wir z. Zt. noch einen schönen Blick auf die Talsperre, aber das wird mit dem Wachstum der Bäume bald der Vergangenheit angehören, wenn nicht Ausblicke frei geschlagen werden. Dass das die Realität ist, können wir eine Weile später erleben, denn vom ausgewiesenen

Talsperrenblick aus sieht man nur noch das Grün der hochgeschossenen Bäume. Nach einem kurzen Anstieg auf dem wunderschönen „Wohlfühlweg" erreichen wir die Solwiese, einen Platz an einer Wegespinne auf dem Bergsattel.

Von der Solwiese führen nach dem unteren Ortsteil von Oberweißbach zwei Wege. Wir wählen den oberen von beiden, der als Wiesenweg etwa in gleicher Höhe verläuft und mit dem Wegweiser „Oberweißbach Markt 2 km" versehen ist. Der Weg verläuft am Berghang entlangt, unterquert eine gewaltige Hochspannungsleitung und führt dann hinab zu den untersten Häusern von Oberweißbach. Hier treffen wir auf die Landstraße, die von Unterweißbach herauf führt, sie und den Weißbach, der den Orten seinen Namen gegeben hat, überqueren wir, um in die Talstraße einzubiegen. Sie folgt dem Weißbach ein kurzes Stück abwärts. Unser Weg ist nun mit einem gelben Querstrich markiert und führt uns zunächst am Damwildgehege vorbei, den Hang zuerst in nördliche, dann in nordwestliche Richtung auf- und manchmal auch leicht absteigend, am Wald entlang und dann durch die Weiden zum Hasental.

TIPP: Wer noch genügend Kondition und Zeit hat, kann am Damwildgehege entlang gehen, um sich das Damwild – vom Schaufler bis zum Kalb – aus der Nähe zu betrachten. Die Anlage ist allerdings sehr groß und man muss u.U. schon ein paar Meter laufen, um dorthin zu gelangen, wo sich das Wild aufhält.

Vom Hasental geht es zum Hundedressurplatz einen Pfad im Wald steil aufwärts, bevor wir auf der Höhe einen Wirtschaftsweg erreichen, an dem rechts der Dressurplatz liegt. Nach links führt und der Weg aus dem Hochwald heraus, an der Schutzhütte „Marions Idyll" vorbei, zu einer Waldecke. Wir folgen der Wegweisung „Lichtenhain", biegen nach rechts ab, kommen wieder in den Wald und erreichen an einer kleinen Lichtung die Schutzhütte „Sandmanns Märchenhütte". Hier kann man die Gleisanlage der Bergbahn schon sehen. Zur Bergstation steigen wir den zu Beginn etwas schwierigen Pfad links hoch und erreichen die Bergbahn über die untere Treppenanlage.

TIPP: Von der Waldecke nach der Schutzhütte „Marions Idyll" kann man auch geradeaus über die Weiden weitergehen. Mann stößt dann auf den Hauptwegweiser „Rollbahn" und steigt von hier aus den Wiesenhang aufwärts zur Gaststätte „Falkenblick". Hier kann man eine Abschlussrast einlegen bevor man der hier beginnenden Bitumenstraße abwärts die letzten 350 m bis zur Bergstation in Angriff nimmt.

Lichtenhainer Waldeisenbahn: Wer über die Gaststätte „Falkenblick" zur Bergstation der Bergbahn kommt, stößt bereits an der Gaststätte an die Gleisanlagen einer Schmalspurbahn. Es handelt sich um die Lichtenhainer Waldeisenbahn, die ab 1993 vom Jenaer Eisenbahn Verein e.V. in ehrenamtlicher Arbeit aufgebaut wurde. Auf Gleisen mit einer Spurweite von 600 mm kann man von der Bergstation der Bergbahn bis zum Bahnhof „Waldschänke" an ausgewählten Wochenenden hin und zurück fahren. Für den Aufbau dieser touristischen Attraktion wurden Lokomotiven, Wagen, Spezialfahrzeuge und die Gleisanlagen aus Werkbahnen erworben.

Für Pilzfinder – ein Steinpilz

WANDERUNG NR. 22

„Es singt der Bach"

Wegeverlauf: HP Cursdorf – Sägemühle – Bf. Katzhütte
Charakter: Streckenwanderung, nicht anstrengend. Durch das herrliche Tal der Weißen Schwarza. Für Kinder ab 6 Jahre und für Rollstuhlfahrer bedingt geeignet (im ersten Abschnitt auf 1,3 km auf Bitumenstraße 104 Höhenmeter Gefälle).

Wanderstrecke:	6,9 km
Anstiege:	19 m
Abstiege:	281 m
Höchster Punkt:	692 m
Niedrigster Punkt:	416 m
Kalorienverbrauch:	ca. 400 kcal
Gastronomie:	Gaststätten in Cursdorf und Katzhütte, Forellenhof im Tal der Weißen Schwarza

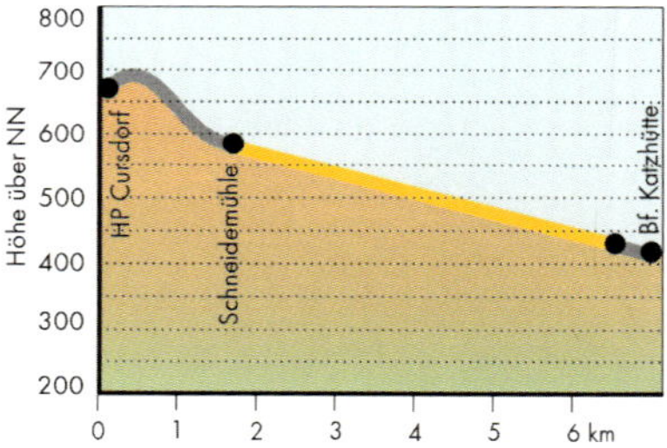

Wegbeschreibung: Vom Haltepunkt Cursdorf gehen wir die Straße hinauf zum Ort Cursdorf und dann die Ortsstraße einige Meter nach rechts. Am Historischen Glasapparatemuseum verlassen wir diese und folgen entweder der Schulstraße abwärts, die direkt ins Tal der Weißen Schwarza führt (für Rollstuhlfahrer zu empfehlen) oder wir wählen den Weg hinab ins Tal über den Farrenberg, um als Wanderer die längere Benutzung einer asphaltierten Straße zu vermeiden (siehe TIPP). Unterwegs können wir das Macheleid-Denkmal besichtigen, das an den Erfinder des Porzellans in Thüringen erinnert und der hier in Cursdorf geboren wurde.

Georg Heinrich Macheleid: (1723 Cursdorf – 1811 Schwarzburg). Gab nach Theologiestudium den Predigerberuf auf und beschäftigte sich mit naturwissenschaftlichen Forschungen. Ab 1757 in Sitzendorf Versuche zur Porzellanherstellung. Am 8. September 1760 unterbreitete er die Ergebnisse seinem Landesherrn, dem Fürsten Johann Friedrich von Schwarzburg-Rudolstadt, und erhält am 4. Oktober die Erlaubnis zur Errichtung einer Manufaktur in Sitzendorf mit dem Privileg der alleinigen Fabrikation und des Vertriebs von Porzellan im Fürstentum. 1762 wird die Societät (Gesellschaft) „Echte Porzellanfabrik in Volkstedt und Sitzendorf" gegründet. 10 Teilhaber, darunter auch das Fürstenhaus, bringen das dazu notwendige Kapital auf. Die Produktion wird zunehmend nach Volkstedt, heute zu Rudolstadt gehörig, verlagert. Macheleid scheidet 1764 aus der Societät mit einer Abfindung aus. Nach Hauskauf (jetziges Hotel „Zum Wildpark") verbringt er seine weiteren Lebensjahre in Schwarz-

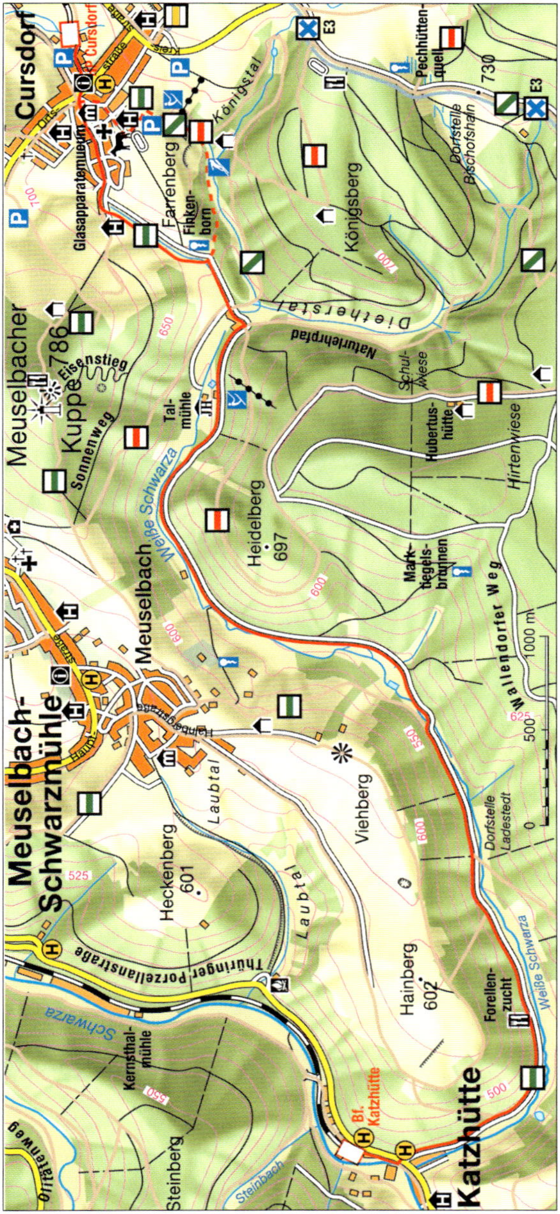
Cursdorf
Glasapparatemuseum
Farrenberg
Finkenborn
Königstal
Pechhüttenquell
730
E3
Dorfstelle Bischofshain
Königsberg
Dietherstal
Naturlehrpfad
Meuselbacher Kuppe 786
Eisenstieg
Sonnenweg
Talmühle
Weiße Schwarza
Heidelberg
697
Schulwiese
Hubertushütte
Hirtenwiese
Marktiegelsbrunnen
Wallendorfer Weg
Meuselbach-Schwarzmühle
Meuselbach
Laubtal
Vienberg
Heckenberg
601
Dorfstelle Ladestedt
0
500
1000 m
Thüringer Porzellanstraße
Hainberg
602
Forellenzucht
Schwarza
Kernsthalmühle
Bf. Katzhütte
Steinberg
Steinbach
Katzhütte

burg und baut auf dem Trippstein ein Borkenhäuschen.

Nach den letzten Häusern wird die talabwärts führende Straße nochmals sehr steil, um sich dann vor der Schneidemühle zu teilen. Wir halten uns links und erreichen hinter der Schneidemühle einen Platz, von dem mehrere Wege abgehen. Wir wählen den Weg in Richtung Katzhütte und Forellenhof, der zunächst um unteren Rand des Berges links der Weißen Schwarza abwärts führt.

TIPP: Für Wanderer angenehmer ist der Weg über den Farrenberg und durch das Königstal. Den Farrenberg erreichen wir, wenn wir vom Historischen Glasapparatemuseum am neu angelegten Karl-Marx-Platz entlang gehen und an der Ecke Karl-Marx-Platz / Treibe in den Farrenbergweg, der an der Skiausleihstation vorbei führt, einbiegen. An seinem Ende finden wir den Hauptwegweiser Farrenberg und folgen hier der Wegweisung Königsberg und 150 m weiter, am Abzweig hinunter ins Königstal, der Wegweisung Jugendschanze. Weitere 100 m danach biegen wir nicht links zum Wald ein, sondern gehen weiter geradeaus in Richtung Jugendschanze, die wir, kurz nachdem wir einen Waldstreifen durchschritten haben, auf der anderen Hangseite liegen sehen. An ihr vorbei führt unser Weg wieder in den Wald, bis er auf die Straße stößt, die von Cursdorf kommend zur Schneidemühle führt (wie oben beschrieben).

Gleich nach der Schneidenmühle kommen wir an der Talmühle, einem Haus des elan e.V. (ein Verein, der Naturerlebnisse für Kinder und Jugendliche im In- und Ausland gestaltet) vorbei. Danach passieren wir einen Sommer-Slalom-Hang mit Matten- und Graspiste. Nach ca. 1 km führt unser Weg an den Waldrand und wir können nun den Bach begleiten, der sich in natürlichen Windungen durch das Tal schlängelt. Nach starken Gewittern und bei Schneeschmelze kann die Weiße Schwarza schon mal Teile der Wiesen unter Wasser setzen und mit beeindruckender Gewalt zu Tale fließen. Im Sommer ist sie jedoch nur ein kleiner Bach, der die Kinder zum Spielen einlädt. An einem Teich vorbei erreichen wir eine kleine Brücke, über die der Weg auf die andere Talseite hinüber wechselt.
Die Wanderung führt weiter durch den Wiesengrund und wir können den bequemen Weg entspannt und nur begleitet vom Rauschen des Baches und dem Gesang zahlreicher Vögel abwärts wandern. Links führt eine Brücke über den Bach und der Pfad, der die Brücke nutzt, steigt steil den Berg hinan zum Rosenkopf und auch zum Hermann-Löns-Denkmal am Hang über Katzhütte. Das Denkmal würde uns nicht für die Mühen des Aufstiegs belohnen, und so bleiben wir im Tal, zumal wir kurze Zeit später auf den Forellenhof stoßen werden. Der Forellenhof ist an den Wochenenden geöffnet und zeichnet sich dadurch aus, dass er sein Hauptgericht, die Forelle, in Zuchtbecken, die mit dem klaren Wasser der Weißen Schwarza gespeist werden, aufzieht, und somit wirklich frische Forellen zu bieten hat. Hier kann man kaum widerstehen und da die Schwarzatalbahn, die wir im nahen Katzhütte erreichen wollen, stündlich fährt, wird erst einmal eine Pause eingelegt. Danach geht es dem Wirtschaftsweg weiter abwärts, bis wir die ersten Gebäude von Katzhütte erreichen. Von hier sind es nur noch wenige Meter bis zur Bahnhof-

Die Schwarza bei Katzhütte

straße. Da das Tal der Weißen Schwarza gleich zu Ortsbeginn bzw. Ortsende von Katzhütte in das Tal der Schwarza einmündet, sind es auch nur noch wenige Meter bis zum Bahnhof.

WANDERUNG NR. 23

„Alle Täler liegen offen"

Wegeverlauf: HP Cursdorf – Meuselbacher Kuppe – Bf. Katzhütte
Charakter: Streckenwanderung, wenig anstrengend. Über die markante Meuselbacher Kuppe in das herrliche Tal der Weißen Schwarza. Für Kinder ab 8 Jahren geeignet.

Wanderstrecke:	7,5 km
Anstiege:	111 m
Abstiege:	373 m
Höchster Punkt:	786 m
Niedrigster Punkt:	416 m
Kalorienverbrauch:	ca. 550 kcal
Gastronomie:	Gaststätten in Cursdorf, Meuselbach und Katzhütte Gaststätte Meuselbacher Kuppe

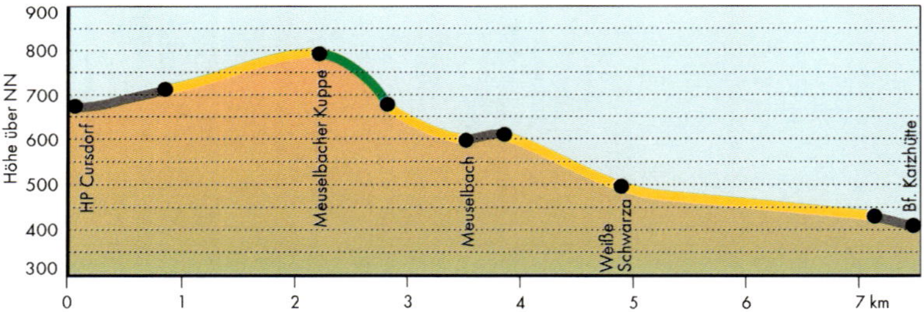

Wegbeschreibung: Vom Haltepunkt Cursdorf nach Katzhütte führen durch das Tal der Weißen Schwarza mehrere Wege, am abwechslungsreichsten und interessantesten ist der Weg über die Meuselbacher Kuppe. Wir steigen deshalb zunächst zum Historischen Glasapparatemuseum im Zentrum von Cursdorf empor und gehen die Ortsstraße weiter bergauf in Richtung Meuselbach. Wir passieren den Friedhof am Ortsende und erreichen knapp 200 m danach einen kleinen Parkplatz, von dem schrägt aufwärts zum Waldrand ein befestigter Weg führt. Diesen nutzen wir, um zum Waldrand zu gelangen. Der Weg geht ein Stückchen am Waldrand entlang und biegt dann in den Wald ein, um hinauf zur Meuselbacher Kuppe zu führen. Unterwegs kommen wir an der Schutzhütte „Zum Fröbelturmblick" vorbei und haben wirklich eine schöne Aussicht auf den Kirchberg mit dem Fröbelturm, aber auch auf Lichtenhain, Teile von Oberweißbach und natürlich auf Cursdorf.
Wenig später erreichen wir die Meuselbacher Kuppe, die mit 786 m den Kirchberg mit dem Fröbelturm um fast 2 m überragt.

Meuselbacher Kuppe: Quarzitischer Härtling. Durch Übernutzung des Kuppenwaldes und übermäßige Waldweide im

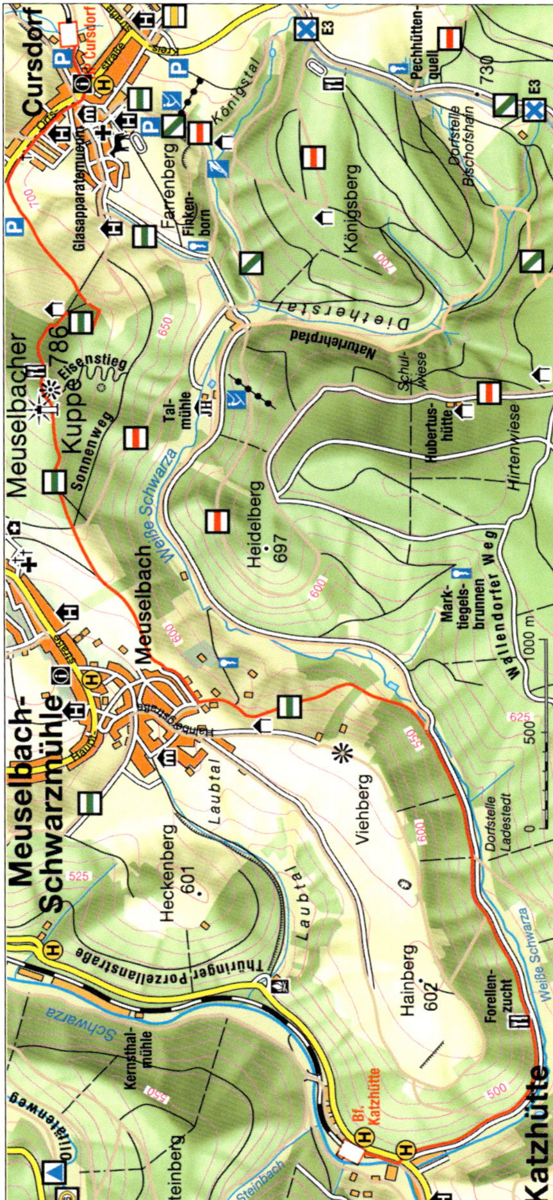

Cursdorf
Meuselbacher Kuppe 786
Eisenstieg
Sonnenweg
Glasapparatemuseum
Farrenberg
Finken-born
Königstal
Königsberg
Dietherstal
Naturlehrpfad
Dorfstelle Bischofshain
Pechhütten-quell
730
E3
Tal-mühle
Weiße Schwarza
Heidelberg 697
Schul-wiese
Hubertus-hütte
Hirtenwiese
Mark-tiegels-brunnen
Wallendorfer Weg
Meuselbach
Meuselbach-Schwarzmühle
Laubtal
Heckenberg 601
Viehberg
Hainberg 602
Dorfstelle Ladestedt
Forellen-zucht
Thüringer Porzellanstraße
Schwarza
Kernsthal-mühle
Steinberg
Steinbach
Bf. Katzhütte
Katzhütte
0
500
1000 m
700
650
600
550
525
500
625

Aussichtsturm Meuselbacher Kuppe

18. Jh. oben kahlgewordener Berg im Schiefergebirge. Wegen seiner Fernsicht beliebtes Ausflugsziel. 1887 Bau einer Schutzhütte durch den Thüringerwald-Verein, 1911 folgte der Bau des Aussichtsturmes, 1934 erweitert zur jetzigen Form mit Gaststätte. Durch Aufforstung mit Fichte wieder bewaldet.

Auch hier genießen wir die wunderschöne Aussicht, diesmal vom Turm allerdings in Rundumsicht. Wie vom Fröbelturm können wir die bekanntesten Gipfel des Thüringer Waldes ausmachen, aber bei ausgezeichneter Fernsicht auch den Ettersberg bei Weimar und manchmal sogar den Brocken im fernen Harz.

Der Abstieg von der Kuppe in Richtung Meuselbach ist auf Grund der Steilheit etwas anstrengend, dafür entschädigt uns aber das üppige Grün der Heidelbeerbüsche im sich natürlich entwickelnden Kiefernwald. Am Ende des Steilabstiegs erreichen wir Wiesen, die sich zum vor uns liegenden Ort Meuselbach, aber auch bis hinab ins Tal der Weißen Schwarza ziehen. Über diese Wiesen steigen wir nach Meuselbach hinab und am südöstlichen Ortsrand entlang erreichen wir vor dem Viehberg einen Weg, der ins Tal der Weißen Schwarza hinab führt. Wenige Meter nach den letzten Häusern teilt sich dieser Weg. Wir bleiben rechts, um das Tal der Weißen Schwarza im mittleren Abschnitt zu erreichen. Bis dahin geht es noch fast 1 km durch den Wald abwärts und wir erreichen den Weg, der entlang des Tales führt, an der Stelle, wo er nach einem Teich von der linken auf die rechte Bachseite wechselt. Ab hier setzen wir unseren Weg, wie in der Wanderung Nr. 22 beschrieben, in Richtung Bahnhof Katzhütte fort.

Im Schwarzatal noch zu Hause – ein junger Waldkauz

WANDERUNG NR. 24

„Vom Grund bis zu den Gipfeln“

Wegeverlauf: HP Cursdorf - Rosenberg - Bf. Katzhütte
Charakter: Streckenwanderung, wenig anstrengend. Auf historischem Weg durch einsame Wälder und über wenig bekannte Berge. Für Kinder ab 10 Jahren geeignet. Familien mit Kinderwagen bzw. Behinderte im Elektrorollstuhl beachten bitte den TIPP am Schluss der Wegebeschreibung.

Wanderstrecke:	11,3 km
Anstiege:	148 m
Abstiege:	410 m
Höchster Punkt:	735 m
Niedrigster Punkt:	416 m
Kalorienverbrauch:	ca. 800 kcal
Gastronomie:	Gaststätten in Cursdorf und Katzhütte. Unterwegs keine Einkehrmöglichkeit

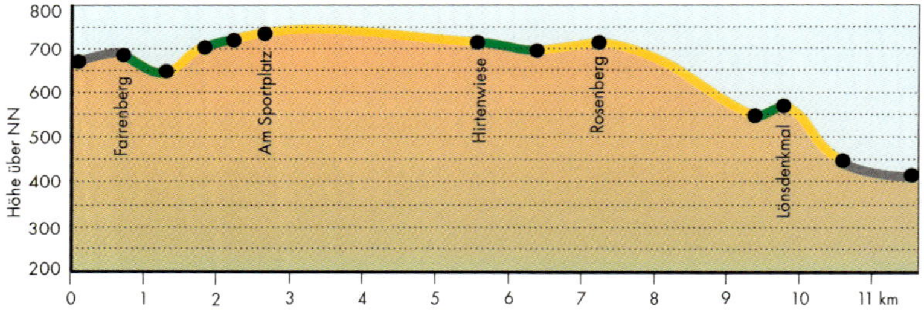

Wegbeschreibung: Nach Verlassen des Triebwagens der Flachstrecke der Bergbahn am Haltepunkt Cursdorf erreichen wir, indem wir in Fahrtrichtung der Straße folgen, die Ortsstraße von Cursdorf. Rechts sehen wir das Historische Glasapparatemuseum, auf das wir zugehen, um direkt vor dem Museum links einzubiegen. Den kleinen Platz mit der neu gepflanzten Dorflinde lassen wir rechts liegen. Wenige Meter später weisen uns mehrere Wegweiser den Weg in Richtung Jugendschanze. Er führt zuerst über die Farrenbergstraße zum Gasthof Königsberg. Hier steht der Hauptwegweiser Farrenberg, der uns einen Wiesenweg entlang auf einem mit dem roten Querstrich markierten Wanderweg ins Königstal weist. Entlang der Weiden führt uns der Weg abwärts und nachdem wir auf einem kleinen Steg den Bach überquert haben, erreichen wir den Waldrand. Der markierte Weg führt nun als Waldpfad weiter zu einer Schutzhütte am Bach. Wenn wir mit Kindern unterwegs sind, müssen wir hier unbedingt eine Rast einplanen, denn das sich hier ununterbrochen drehende kleine Wasserrad wird die Kinder zum Spielen

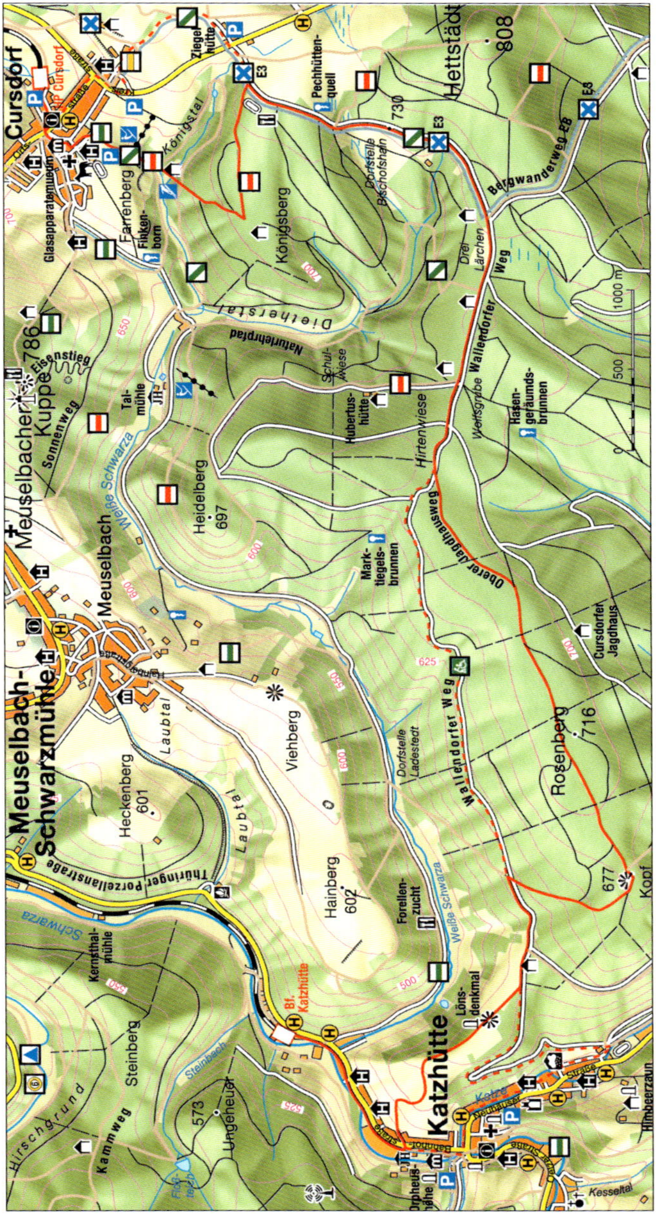

Cursdorf
Meuselbach-Schwarzmühle
Meuselbach
Meuselbacher Kuppe
786
Katzhütte
Bf. Katzhütte
Hettstädt
808
Königsberg
Heidelberg
697
Heckenberg
601
Viehberg
Hainberg
602
Rosenberg
716
Kopf
677
Steinberg
Ungeheuer
573
Ziegelhütte
Farrenberg
Finkenborn
Glasapparatemuseum
Königstal
Dietherstal
Naturlehrpfad
Talmühle
Weiße Schwarza
Schwarza
Sonnenweg
Eisenstieg
Laubtal
Thüringer Porzellanstraße
Kernsthalmühle
Kammweg
Hirschgrund
Steinbach
Forellenzucht
Lönsdenkmal
Dorfstelle Ladestedt
Wallendorfer Weg
Oberer Jagdhausweg
Markttiegelsbrunnen
Hubertushütte
Hirtenwiese
Schulwiese
Wolfsgrube
Hasengeräumdsbrunnen
Cursdorfer Jagdhaus
Drei Lärchen
Bergwanderweg E8
Pechhüttenquell
Dorfstelle Bischofshain
730
E3
E8
Kesseltal
Himbeerzaun
Orpheusnähe
0
500
1000 m

herausfordern. Danach führt unser Weg bergan und rechts erkennen wir nach wenigen Metern den Anlaufturm der Jugendschanze. Bis hierhin waren wir auf dem Naturlehrpfad von Cursdorf unterwegs. Dieser führt an der Jugendschanze vorbei hinab ins Tal. Wir verlassen ihn für eine Weile, um der roten Markierung folgend, links den Berg hinauf zu steigen. An der nächsten Weggabelung führt der rot markierte Weg nach links, da er aber weiter später durch ständige Holzabfuhr nicht im besten Zustand ist, gehen wir den unmarkierten Weg weiter bergan, um dann am zweiten links abbiegenden Weg einzubiegen. Verlaufen können wir uns nicht, denn der rot markierte Weg und die links abbiegenden Wege führen alle zum gleichen Ziel, zum Sportplatz. Wir haben den kürzesten und besten Weg gewählt und erreichen auf ihn nach ca. 400 m wieder den rot markierten Weg und nach weiteren knapp 400 m den Sportplatz. Hier stoßen wir auf den Wallendorfer Weg, auf dem teilweise der Fernwanderweg „Eisenach-Budapest" verläuft, dem wir nun am Sportplatz vorbei in Richtung Katzhütte folgen werden. Zur roten Strichmarkierung gesellt sich ab hier das blaue Andreaskreuz und der grüne Diagonalstrich, der uns anzeigt, dass wir uns wieder auf dem Naturlehrpfad befinden.

Wallendorfer Weg: Dieser Weg, der bereits vor 250 Jahren das Schwarzatal mit dem Lichtetal verband, erinnert an ein wichtiges Stück Industriegeschichte der Region. 1760 hatte der aus Cursdorf stammende Alchimist und Theologe Georg Heinrich Macheleid unabhängig von Böttger das Geheimnis der Porzellanherstellung enträtselt und im Fürstentum Schwarzburg-Rudolstadt das Privileg der Porzellanherstellung erhalten. Der Hütteninspektor Hammann aus Katzhütte, der nur wenige Tage später das gleiche Privileg beantragte, ging leer aus. So ging er ins benachbarte Sachsen-Meiningen und gründete dort in Wallendorf, einem kleinen Ort im Lichtetal, zusammen mit anderen die Porzellanmanufaktur Wallendorf. Der Weg, der Katzhütte mit Wallendorf verband, erhielt den Namen Wallendorfer Weg, denn viele Bewohner von Katzhütte, die in großer Armut lebten, folgten schon damals der Arbeit und verdingten sich im „Ausland". Als „Pendler zu Fuß" mussten sie über 100 Jahre lang den weiten Weg durch die dichten Wälder und über die Berge (in Luftlinie über 10 km entfernt, Gehzeit im Sommer ca. 3 und im Winter oft 4 Stunden und länger) zurücklegen. Erst als 1864 in Katzhütte eine eigene Porzellanfabrik gegründet wurde, die sich in den Folgejahren des industriellen Aufschwungs in Deutschland rasch entwickelte, fanden die Tagelöhner aus Katzhütte im eigenen Ort Arbeit und Auskommen.

Vorbei am Sportplatz, der für die Heimspiele der Fußballer aus Cursdorf eine tolle Kulisse bildet – und wenn man aus dem Ort auf die Anfahrt mit dem Auto verzichtet und zu Fuß kommt, zugleich auch eine echte sportliche Anforderung an die Zuschauer stellt – folgen wir den Wallendorfer Weg in Richtung Südsüdwest, um dann nach ca. 1,2 km die Wanderung in westliche Richtung fortzusetzen. Vorbei am Pechhüttenquell geht es am Bergrücken des über 800 m hohen Hettstädt entlang (der rot markierte Weg biegt hier links ab in Richtung Berggipfel), bis wir die Schutzhütte „Drei Lärchen" erreichen. Hier verlässt uns der Fernwanderweg „Eisenach-Budapest" nach links, über ihn

Die Wolfsgrube

kommt aber der rot markierte Rundwanderweg vom Gipfel des Hettstädt zurück, sodass wir nun wieder der roten Strichmarkierung bis zur Wolfsgrube folgen können. Wir befinden uns jetzt auf dem Kamm des Bergmassives. Nach einer Waldwiese zweigt rechts der Naturlehrpfad ins Dietherstal, und von dort zurück ins Königstal, ab, wir bleiben auf dem Wallendorfer Weg und nachdem wir eine kleine Erhebung bewältigt haben, können wir schon die nächste Schutzhütte an der Wolfsgrube sehen.

Wolfsgrube: Wolfsgruben waren Anlagen, die bis zum 18. Jh. dem Fang der Wölfe dienten. An geeigneten Stellen wurden Gruben von 3 – 4 Meter Tiefe angelegt. Sie waren zumeist mit Balken ausgekleidet und wurden überwiegend mit Reisig oder Gräsern abgedeckt, die auf schwachen Lattenkonstruktionen angebracht waren. Lebende Tiere, Fleisch und Knochen dienten als Köder, Hindernisse um die Gruben zwangen die Wölfe zum Sprung auf die Abdeckung, die dann unter der Last einbrach.

Die hier zu sehende Wolfsgrube stammt aus dem 18. Jahrhundert. Im Fürstentum Schwarzburg-Rudolstadt wurde der letzte Wolf 1767, nur ca. 1 km von hier entfernt, erlegt. Auch der letzte Bär (1797) und der letzte Luchs (1743) wurden unweit von hier gejagt. Das ist kein Zufall, da das Waldgebiet zwischen Cursdorf, Katzhütte und Neuhaus zu den wenig zersiedelten Gebieten im Thüringer Wald gehört.

Hier an der Wolfsgrube lässt sich gut rasten und über eigene Erlebnisse mit Tieren im Wald erzählen. Noch sind ja die Wölfe nicht wieder im Thüringer Wald angesiedelt, aber diese Gegend wäre dazu durchaus geeignet und vielleicht wird es nicht mehr lange dauern, bis hier wieder der erste Wolf gesichtet werden kann.

Von hier kann man über die Hubertushütte, der roten Markierung folgend, ins Tal der Weißen Schwarza absteigen. Wir aber wollen zum Rosenberg und bleiben deshalb auf dem Bergkamm. Wir folgen der Wegweisung Katzhütte und an der nächsten Wegkreuzung der Wegweisung Katzhütte und Wallendorfer Weg (weiter geradeaus auf der Höhe) und erst ca. 250 m danach biegen wir, links in einen Wiesenweg ein. Er führt uns leicht abwärts an einem Wildschutzzaun vorbei auf einen befestigten Weg. Wenn wir den Weg nach rechts folgen verläuft er nun wieder auf dem Bergrücken und führt am Gipfel des Rosenberges vorbei zum Rosenbergkopf. Hier stoßen wir wieder auf eine Wegweisung, die uns allerdings nur anzeigt, dass wir aus der Richtung Cursdorf gekommen sind. Den Weg nach Katzhütte müssen wir selber finden. Wir wählen den nach rechts führenden Weg und bleiben bei der wenige Meter danach kommenden Abzweigung wieder rechts. Wer hier die Landschaft genießen will, geht bei dieser Abzweigung noch ein Stückchen durch den Hochwald bis zu einem Jagdstand an der Hochwaldgrenze. Dort öffnet sich der Blick auf das Bergmassiv vom gegenüberliegenden Wurzelberg und rechts daneben kann man die Rennsteigwarte auf dem Eselsberg bei Masserberg deutlich mit bloßem Auge erkennen.

Der von uns gewählte Wiesenweg führt abwärts in eine langgestreckte Rinne, an deren Ende wir wieder auf den Wallendorfer Weg stoßen. Ihm folgen wir nach links abwärts und bald schon erreichen wir an der Schutzhütte „An der dicken Tanne" (von der Tanne ist nur noch der Stumpf vorhanden) eine Waldwiese, über die wir die Berge westlich von Katzhütte erkennen können. Wir bleiben am Wiesenrand, bis 150 m weiter ein Wegweiser anzeigt, dass wir die Wiese queren müssen, um zum Lönsdenkmal zu gelangen. Das Lönsdenkmal selber bietet nicht viel Sehenswertes; nur eine Gedenktafel erinnert daran, dass es den Heidedichter Hermann Löns einmal gab. Kurz davor, am Ende der Wiese, kann man einen herrlichen Blick ins Tal der Weißen Schwarza mit dem Forellenhof genießen. Bei guter Sicht hat man sich bestimmt vorgenommen, dieses bezaubernde Tal demnächst ebenfalls zu durchwandern.

Vom Lönsdenkmal führt nun der Wiesenweg ein Stück am Waldrand entlang, durch die Wiesen und Weiden, vorbei an Hecken, die mit Birken durchsetzt sind, hinunter nach Katzhütte. Da wir zum Bahnhof von Katzhütte wollen, halten wir uns an einer Weggabelung rechts (die Wegweisung ist, wenn man von oben kommt, leicht zu übersehen) und wir erreichen den Ort in seinem unteren Teil, in der Bahnhofsstraße. Ihr folgen wir abwärts und nach ca. 1 km erreichen wir den Bahnhof von Katzhütte, der den lang gestreckten Ort nach Norden abschließt.

Goldfund in der Katze: Es ist noch nicht lange her, dass der kleine Bach Katze in aller Munde war, denn am 04. April 2004 fand ein Spaziergänger in diesem Bach zufällig ein Goldnugget mit einem Gewicht von 9,64 Gramm. Mit einem Durchmesser, der dem einer Ein-Euro-Münze entspricht, ist es nach Angaben von Historikern das zweitgrößte Nugget, das je aus der Schwarzaregion als Fund registriert wurde.

TIPP: Wer mit Kinderwagen bzw. mit dem Elektrorollstuhl eine längere Wanderung nicht scheut, wählt als Zugang zum Sport-

Auf dem Naturlehrpfad im Dietherstal

platz von Cursdorf den in Wanderung Nr. 18 beschriebenen Weg vom Haltepunkt Cursdorf bis zum Fernwanderweg „Eisenach-Budapest", den wir nun nicht in Richtung Fröbelturm, sondern in Richtung Neuhaus folgen. Er führt uns über Ziegelhütte zum Sportplatz von Cursdorf. Wie oben beschrieben geht es danach zur Wolfsgrube. Später, am Abzweig zum Rosenberg, verlassen wir allerdings nicht den Wallendorfer Weg, sondern folgen ihm immer weiter, bis er nach dem Abzweig zum Lönsdenkmal in großen Serpentinen hinab ins Tal der Katze führt. Durch Katzhütte abwärts erreichen wir den Bahnhof von Katzhütte.

Informationsanhang

ANREISEMÖGLICHKEITEN

FERNVERKEHR

• Flughafen

Einziger Flughafen von Bedeutung ist Erfurt (mit Anschluss an die Autobahn A 71 und A 4), Tel.: 0361 / 6 56 22 00, Fax: 6 56 22 01.

• Autobahnen

A 4 Frankfurt/M – Dresden: Erfurter Kreuz bis Ilmenau-Ost, Langewiesen und dann die B88 Richtung Königsee, Bad Blankenburg

A 4 Dresden – Frankfurt/M: Jena-Göschwitz, weiter auf B 88 Richtung Rudolstadt – Ilmenau

A 9 München – Berlin bzw. Berlin – München: Triptis, weiter auf B 281 bis Saalfeld und über B 85 und B 88 bis Bad Blankenburg. A 71 Erfurt – Schweinfurt: Ilmenau-Ost, Langewiesen und dann die B88 Richtung Königsee, Bad Blankenburg

• Bundesstraßen

Für günstiges Erreichen des beschriebenen Wandergebietes sorgen weiterhin die den Thüringer Wald überquerenden und meist in Süd – Nord – Richtung verlaufenden Bundesstraßen: **B 281 Eisfeld – Saalfeld**, Eine wichtige Rolle spielen die am Nordrand des Thüringer Waldes verlaufende **B 88 Eisenach – Ilmenau – Rudolstadt**. Eine Vielzahl mehr oder weniger gut ausgebauter Landstraßen sorgt für gute Erreichbarkeit jeder beschriebenen Tour.

• Anreise per Bahn

ICE-Strecken sind die Verbindungen Frankfurt/M – Eisenach – Erfurt – Leipzig – Berlin bzw. München – Nürnberg – Lichtenfels – Saalfeld – Gera – Jena – Leipzig – Berlin

Regional von Erfurt über Arnstadt bis Rottenbach oder von Saalfeld bis Rottenbach dort umsteigen in die Züge der Schwarzatalbahn

Wenn man die Bergbahn nutzen möchte, löst man die Fahrscheine bis Rottenbach, ob dort gelten bereits die Tarife der OBS, welche die Bergbahnfahrt enthält.

Eine Sonderstellung nimmt die **Oberweißbacher Berg- und Schwarzatalbahn (OBS)** ein. Fahrscheine erhält man in allen Fahrzeugen der OBS, der Bergbahnagentur in Obstfelderschmiede, sowie in verbundenen Verkehrsunternehmen. Verschiedene Hotels und Übernachtungsbetriebe bieten gelegentlich ebenfalls Fahrscheine an.

Ein Fahrschein für eine einfache Fahrt beinhaltet je eine Fahrt der Schwarzatalbahn, der Bergbahn und der Flachstrecke und ist als „OBS-Ticket" zu erhalten.

Das „OBS-Kombi-Ticket" ist eine Tagesfahrkarte und erlaubt die beliebige Nutzung von Zügen der OBS und ausgewählten Buslinien. Rabatte erhalten Inhaber von Bahncard und Gruppenreisen ab 10 Personen. Mit dem „Erfurter Bergbahnticket" kann man die Strecken der OBS nutzen, die Bahn zwischen Erfurt und Rottenbach und Straßenbahn oder Bus in Erfurt. So kann man von Erfurt ins Schwarzatal und zurück unterwegs sein oder vom Schwarzatal aus einen Ausflug nach Erfurt unternehmen. Gültige Fahrscheine sind bei allen beteiligten Partnerunternehmen erhältlich. (Die Fahrpreise und das aktuelle Angebot an Fahrscheinen können sich ändern. Informieren Sie sich über Internet HYPERLINK http://www.oberweissbacher-bergbahn.com www.oberweissbacher-bergbahn.com oder an den Aushängen der OBS oder Partnerunternehmen)

Der ländliche Raum ist durch **regionalen Busverkehr** erreichbar.

Bei der Planung hilft www.bahn.de, www.fahrplanaenderung.de,

Info-Tel.: 0 18 01 / 62 96 29, der Interessenverband Regionaler Personenverkehr Südthüringen e.V., Tel. 0 36 81 / 35 17 98, www.ivrpv@t-online.de sowie die Zentrale Rufnummer für Zugauskünfte der DB AG: 018 05 / 99 66 33 (rund um die Uhr).

FREMDENVERKEHRSÄMTER, TOURISMUSVERBÄNDE, TOURIST-INFORMATIONEN

07422 **Bad Blankenburg**, Tourist-Information, Bahnhofstraße 40,
Tel.: 03 67 41 / 26 67, www.bad-blankenburg.de

98744 **Cursdorf** Fremdenverkehrsamt, Ortsstraße 23, Tel.: 03 67 05 / 6 20 70, www.cursdorf.com

98749 **Friedrichshöhe** Naturpark-Information, Tel.: 03 67 04 / 8 06 70, www.naturpark-thueringer-wald.de

98701 **Großbreitenbach**, Tourist-Information, Myliusstraße 6, Tel.: 03 67 81 / 4 17 50
www.stadt-grossbreitenbach.de

98746 **Katzhütte**, Fremdenverkehrsverein, Neuhäuser Straße 15, Tel.: 03 67 81 / 3 73 88,
www.katzhuette-thueringen.de

07426 **Königsee**, Tourist-Information, Markt 1, Tel.: 03 67 38 / 4 97 24, www.koenigsee.de
98744 **Meura**, Fremdenverkehrsbüro, Ortsstraße 36, Tel.: 03 67 01 / 3 10 36, www.meura.de
98724 **Neuhaus a. Rwg.**, Fremdenverkehrsamt, Sonneberger Str. 1, Tel.: 0 36 79 / 72 20 61, www.neuhaus-am-rennweg.de
98744 **Oberweißbach**, Fremdenverkehrsamt, Markt 10, Tel.: 03 67 05 / 6 21 23, www.oberweissbach.de
07429 **Rohrbach**, Tourist-Information, Ortsstraße 30, Tel.: 03 67 30 / 2 22 68, www.mittleres-schwarzatal.de
07427 **Schwarzburg**, Tourist-Information, Schlossstraße 5, Tel.: 03 67 30 / 2 23 05, www.fvv-schwarzburg.de
07429 **Sitzendorf**, Tourist-Information, Hauptstraße 26a, Tel.: 03 67 30 / 2 23 84, www.sitzendorf.de
Zentrale Tourismusrufnummer deutschlandweit: Vorwahl der jeweiligen Stadt plus 1 94 33
Tourismusverband Thüringer Wald, August-Bebel-Str. 16, PF 300 124, Tel.: 036 81 / 3 94 50; Fax: 39 45 11; info@thueringer-wald.com; www.thueringer-wald.com

JUGENDHERBERGEN IM BEREICH DES WANDERFÜHRERS

07422 **Bad Blankenburg**, Am Kesselberg 1, Tel.: 03 67 41 / 25 28; Fax: 4 76 25; jh-bad.blankenburg@djh-thueringen.de
98746 **Katzhütte**, Bahnhofstraße 82, Tel.: 03 67 81 / 3 77 85, Fax: 3 38 06, jh-katzhuette@djh-thueringen.de
98724 **Neuhaus am Rennweg**, Apelsbergstraße 54, Tel.: 0 36 79 / 72 28 62, Fax: 70 03 84, jh-neuhaus@djh-thueringen.de
07427 **Schwarzburg**, Am Buschbach 2, Tel.: 03 67 30 / 2 22 23, Fax: 3 35 55, jh-schwarzburg@djh-thueringen.de
überregional:
Deutsches Jugendherbergswerk, Landesverband Thüringen: Geschäftsstelle: 99425 Weimar, Zum Wilden Graben 12; Tel.: 036 43 / 85 07 95; Fax: 85 07 96; info@djh-thueringen.de
Service-Center: 99425 Weimar, Carl-August-Allee 13; Tel.: 036 43 – 85 00 00; Fax: 85 00 02; service@djh-thueringen.de
Thüringer Jugendherbergen im Internet: www.djh-thueringen.de
Campingplätze mit Caravanstellplätzen im Bereich des Wanderführers
98701 **Großbreitenbach**, Intercamping Großbreitenbach, Tel./Fax: 03 67 81 / 4 23 98, info@intercamping-grossbreitenbach.com; www.intercamping-grossbreitenbach.com;
Caravan: Königsee am Waldbad, Massermühle bei Katzhütte

AUSGEWÄHLTE MUSEEN, KULTUREINRICHTUNGEN UND SEHENSWERTES IM BEREICH DES WANDERFÜHRERS

07422 **Bad Blankenburg**, Burg Greifenstein, Greifensteinstraße 3, Tel.: 03 67 41 / 20 80, greifenstein@newmail.net
07422 **Bad Blankenburg**, Fröbelmuseum, Tel.: 03 67 41 / 4 73 10, www.heidecksburg.de
Falkenhof Burg Greifenstein, Tel.: 03 67 41 / 4 16 96, www.falkenhof-burg-greifenstein.de
98599 **Cursdorf**, Historisches Glasapparate-Museum, Ortstraße 23, Tel.: 03 67 05 / 6 20 70, www.cursdorf.com
07422 **Dittrichshütte**, Windmühle Dittrichshütte, Panorama 2, Tel.: 03 67 41 / 3 51 18, www.saalfelder-hoehe.de
Kinder- und Jugenderholung Dittrichshütte e.V., Panorama 1, Tel.: 03 67 41 / 5 70 00, www.dittrichshuette.de
98701 **Großbreitenbach**, Thüringer Wald-Kreativ-Museum mit 1. Deutschen Kloßpressenmuseum, Myliusstraße 6, Tel.: 03 67 81 / 4 18 15
98744 **Lichtenhain a. d. Bergbahn**, Oberweißbacher Bergbahn, Tel.: 03 67 05 / 2 01 34, www.oberweissbacherbergbahn.de, Lichtenhainer Waldeisenbahn
98746 **Mellenbach-Glasbach**, DB RegioNetz Verkehrs GmbH Oberweißbacher Berg- und Schwarzatalbahn, An der Bergbahn 1, Tel.: 03 67 05 / 2 01 34, www.oberweißbacher-bergbahn.com, www.erlebnisland-rennsteig-saale.de
98724 **Neuhaus am Rennweg**, Museum Geißlerhaus, Tel.: 0 36 79 / 72 31 43, Holzkirche
98744 **Oberweißbach**, Memorialmuseum Friedrich Fröbel, Markt 10, Tel.: 03 67 05 / 6 21 23, www.oberweissbach.de

07429 **Rohrbach**, Historische Apotheke mit Laboratorium zur Herstellung von Olitäten & Rohrbacher Heimatstübchen, Ortsstraße 30, Tel.: 03 67 30 / 2 22 68, www.mittleres-schwarzatal.de
07422 **Rottenbach**, Museum im Jagdschloss Paulinzella, Paulinzella 3, Tel.: 03 67 39 / 3 11 43, www.Gemeinderottenbach.de
07427 **Schwarzburg**, Schloss (Kaisersaal), Tel.: 03 67 30 / 3 29 55 und 2 22 63, www.schloss-schwarzburg.de
07429 **Sitzendorf**, Bauernmuseum, Tel.: 03 67 30 / 3 17 44,
Porzellanmanufaktur, Tel.: 03 67 30 / 36 60, www.sitzendorf-porzellan.de
Regionalmuseum Dampfmaschine Sitzendorf, Hauptstraße 26a,
Tel.: 03 67 30 / 2 23 84, www.sitzendorf.de
98744 **Unterweißbach**, Freizeit GmbH Unterweißbach, Am Parkplatz 2, Tel.: 03 67 30 / 2 23 83, www.lichtetalbahn-unterweissbach.de
98746 **Goldisthal**, Besucherinformation des Pumpspeicherwerks Goldisthal, Tel.: 03 67 81 / 33 32 10 oder 33 66, www.vattenfall.de, Besichtigung d. PSW nur nach Voranmeldung!
98744 **Meura**, Haflinger-Gestüt Meura, Ortsstraße 116, Tel.: 03 67 01 / 3 11 51, www.haflinger-in-meura.de

KONTAKT ZU NATURPARK- UND TOURISTINFORMATIONEN NATURPARK THÜRINGER WALD

www.naturpark-thueringer-wald.de

1. Naturparkinformationszentrum Altenstein, Altenstein 4, 36448 Bad Liebenstein/ OT Altenstein, info@schloss-altenstein.de; Tel.: 03 69 61 / 3 34 01

2. Naturpark-Informationspavillon Bad Blankenburg, Bahnhofstr. 40, 07422 Bad Blankenburg, naturpark@bad-blankenburg.de; 03 67 41 / 4 75 19

3. Naturpark-Informationspavillon Eisfeld, Am Ortsausgang Richtung Coburg an der B4 gegenüber Tankstelle, Schlüssel an Tankstelle auszuleihen, touristinfo@stadt-eisfeld.de; 0 36 86 / 30 03 08 u. 30 18 59; Touristinformation Eisfeld im Museum, Markt 2, 98673 Eisfeld,

4. Naturparkzentrum Thüringer Wald, Dorfstr. 16, 98749 Friedrichshöhe, g.slotosch@naturpark-thueringer-wald.de; 03 67 04 / 70 99 16 u. 70 99 19

5. Informationspunkt Gotha Museum der Natur ; Museum der Natur Gotha, Parkallee 15, 99867 Gotha, mng@stiftungfriedenstein.de; Tel.: 0 36 21 / 82 30 10 u. 82 30 20

6. Naturpark- und Touristinformation Hörschel; Rennsteigwanderhaus Hörschel, Rennsteigstraße 9, 99817 Eisenach, OT Hörschel, grahn@eisenach-tourist.de;
Tel.:03 69 28 / 9 11 94, Tourismus Eisenach 0 36 91 / 79 23 11

7. Naturparkinformationszentrum im Rennsteiggarten Oberhof, PF 12/18, 98557 Oberhof, info@Rennsteiggartenoberhof.de; Tel.: 03 68 42 / 2 22 45

8. Naturpark- und Touristinformation Ohrdruf, Suhler Str. 5c, 99885 Ohrdruf, k.clemen@naturpark-thueringer-wald.de; Tel.: 0 36 24 / 31 79 49 u. 31 79 53

9. Naturpark- und Touristinformation Ruhla, Am Markt 1, 99842 Ruhla, tourist@ruhla.de; Tel. 03 69 29 / 89 0 13 u. 89 0 22

10. Regionalmuseum und Touristinformation Sitzendorf, Hauptstraße 26, 07429 Sitzendorf, info@sitzendorf.de; Tel.: 03 67 30 / 2 23 84

11. Touristinformation und Naturparkcenter Sonneberg, Bahnhofsplatz 3, 96515 Sonneberg, tourismus@stadt-son.de; 03 67 5 / 70 27 11 u. 74 20 02

12. Naturparkinformationszentrum Spechtsbrunn, Am Rennsteig 1, 98743 Spechtsbrunn, niz_spechtsbrunn@hotmail.com; 03 67 03 / 70 81 2 u. 70 81 3, außerhalb tel. Anmeldung

13. Tourist- und Naturparkinformation Tabarz, Theodor-Neubauer-Park 3, 99891 Tabarz, info@tabarz.de; 03 62 59 / 6 10 87

14. Naturparkinformationszentrum Unterweißbach Lichtetalstr. 38, 98744 Unterweißbach, heiko.kraft@thueringer-fernwasser.de; Tel. 03 67 30 / 3 81 01, 3 81 11 u. 2 81 43; Thüringer Fernwasserversorgung, Führungen zur Talsperre auf Anfrage, Touristinformation der Gemeinde Unterweißbach, gemeinde@unterweissbach.de

15. Naturparkinformationszentrum Mittlerer Thüringer Wald, 98711 Vesser/ Stutenhaus; Tel.: 03 67 82 / 67 10 u. 6 00 46; Anfragen an Berghotel Stutenhaus, Stutenhaus 1, 98711 Vesser, berghotel@stutenhaus.de

EMPFOHLENE LANDKARTEN UND LITERATUR

Karten, die im Text empfohlen und verwendet wurden:

- Wanderkarten mit Loipen und Radrouten 1:30.000, ***grünes herz***, Ilmenau
  - Mittleres und unteres Schwarzatal, 3-929993-08-2
  - Masserberg, Neustadt/Rstg., Großbreitenbach, 3-929993-02-3
  - Neuhaus, Lauscha und Steinach, 3-929993-03-1
  - Gräfinau-Angstedt, Gehren und Königsee, 3-929993-04-X
  - Saalfeld, Rudolstadt, Bad Blankenburg im Saalebogen, 3-935621-16-7

Weitere Karten und Bücher zum Schwarzatal:

- Wanderkarte Saalfeld, Rudolstadt und Schwarzatal, 1:50.000, ***grünes herz***, Ilmenau
- Wanderkarte Östlicher Thüringer Wald, 1:50.000, Fritsch, Hof
- Wanderkarte Östlicher Thüringer Wald, 1:50.000, Kompass, Rum/Insbruck
- Wanderkarte Thüringer Schiefergebirge, 1:50.000, Thüringer Landesamt für Vermessung und Geoinformation, Erfurt
- Freizeitkarte, Thüringer Wald, 1:120.000, ***grünes herz***, Ilmenau
- Übersichtskarte Naturpark Thüringer Wald, 1:140.000, ***grünes herz***, Ilmenau
- Die schönsten Wanderungen zwischen Rennsteig und Saale, Verlag Echino Media, Bürgel
- DuMont, Kunstreiseführer Thüringen, Müller, DuMont Buchverlag, Köln
- Kompass Wanderführer Thüringer Wald / Thüringer Schiefergebirge, Frey,
- Deutscher Wanderverlag Dr. Mair & Schnabel & Co., Ostfildern

QUELLENNACHWEIS

Infomaterial der Fremdenverkehrsämter, Orte, Museen, Wegemeister und Vereine, Beiträge der Ost Thüringer Zeitung

ORTSVERZEICHNIS

SEHENSWÜRDIGKEITEN

PERSONENVERZEICHNIS